Antje Neumann • Burkhard Neumann

Wiesenfühlungen

Das ganze Jahr die Wiese erleben
Naturkontakte, Spiele und Geschichtenbuch

Illustrationen von Kasia Sander

Ökotopia Verlag, Münster

Impressum

AutorInnen:	Antje Neumann
	Dr. Burkhard Neumann
Illustrationen:	Kasia Sander
Fotos:	Burkhard und Antje Neumann
	S. 96, 102, 113 und 117: Peter Freudenberg
Lektorat:	Dagmar Wiltzsch
Satz:	Druckwerkstatt Hafen GmbH, Münster
ISBN:	3-931902-89-7

© 2002, Ökotopia Verlag, Münster

1 2 3 4 5 6 7 8 9 10 • 11 10 09 08 07 06 05 04 03 02

Inhaltsverzeichnis

Mit der Wiese auf Tuchfühlung gehen?

Burkhard Neumann
Denke ich an eine Wiese

Denke ich an eine Wiese,
höre ich Grillen zirpen und Bienen summen,
Mäuse piepsen und Käfer brummen,
kleine Bekassinen „meckern" am Himmel,
Birkhühner gurren im Balzgetümmel.

Denke ich an eine Wiese,
sehe ich Wiesenblumen in ihrer Farbenpracht,
ein Reh beäugt mich und gibt Acht,
ein Storch sucht nach Nahrung unverwandt,
ein Roter Milan segelt majestätisch übers Land.

Denke ich an eine Wiese,
rieche ich den Nektar tausender Blüten,
würde sie gern pflücken und behüten,
weht mir ein Geruch von Schafen um die Nas',
die dort blühende Kräuter fressen und das Gras.

Unsere Wiesen sind größten Teils dadurch entstanden, dass Waldgebiete abgeholzt wurden und durch das Beweiden und Mähen des Grünlandes eine erneute Entwicklung des Waldes verhindert wurde. Es sind also Ökosysteme, die meistens durch den Einfluss der Menschen entstanden sind und noch entstehen. Die Entwicklung der Wiesen ist eng mit der Viehhaltung gekoppelt. Es gibt nur wenige Wiesen in Mitteleuropa, die natürlich entstanden sind. Solche Ökosysteme sind an Flussläufen, in höheren Gebirgslagen und in Strandnähe zu finden.

Auf Grund der Nutzungsintensität, der entsprechenden Böden und Klimaverhältnisse unterscheiden wir verschiedene Wiesentypen wie z.B. Sumpfwiesen oder Magerwiesen. Durch die intensive landwirtschaftliche Nutzung und auch durch die ständig wachsende Verschmutzung der Luft und des Bodens ist die Anzahl der auf Wiesen lebenden Pflanzenarten stark zurückgegangen. Von den ca. 1600 Grünlandpflanzen Mitteleuropas kommen in Deutschland etwa 800 Arten vor. Diese 800 Pflanzenarten bilden die Nahrung für zahlreiche Tierarten, die wiederum andere Tierarten als Fressfeinde fürchten müssen. Die Wiese ist ein artenreiches, komplexes Ökosystem, das eine Fülle interessanter Beobachtungen ermöglicht. Der Mensch formt den Wiesencharakter je nach seiner Interessenslage. So wollen Bauern z. B. möglichst eiweißreiches Grünland zur Futtererzeugung. Damit hat der Mensch zugleich eine besondere Verantwortung für die Erhaltung dieses Lebensraumes. In der Regel ist er aber nur bereit, das zu schützen, was er kennt und dadurch schätzen gelernt hat.

Pflanzen und Tiere sollte man aber nicht nur mit den Augen und dem Kopf kennen lernen, sondern über andere Sinne, andere Wahrnehmungskanäle, mit Herz und Gefühl im wahrsten Sinne des Wortes begreifen. Gerade unsere Kinder brauchen den Kontakt zur Natur, durch den sie Ruhe und Erholung von der Hektik des modernen Alltags finden, den Blick für das Ganze erhalten und Zusammenhänge in der Natur und Folgen des menschlichen Handelns erkennen.

Wir stellen in diesem Buch allen interessierten NaturliebhaberInnen Ideen, Spiele, Übungen, Kulinarisches und Geschichten, aber auch interessante Informationen zur Wiese und ihren Bewohnern vor und geben Anregungen, wie jeder, allein oder mit anderen Menschen (aus Familie, Schulklasse, KiTa, mit Freunden usw.), Wiesen entdecken kann.

Das ganze Jahr über Wiesenfühlungen durchführen

Wege der Kontaktaufnahme

Seit Jahren wird von verschiedenen pädagogischen Strömungen, wie der naturbezogenen Pädagogik und der Umweltpädagogik, das aktive Erleben der Natur, der direkte Kontakt mit den Organismen gefordert. Wir, das heißt Erwachsene und Kinder, sollen dabei durch alle unsere Sinne die Natur erfassen und verinnerlichen. Das ist auch das Ziel unserer Wiesenfühlungen.

Wiesenfühlungen sind zwar stärker witterungsabhängig als Waldfühlungen, denn wir sind auf der Wiese ungeschützt Regen, Wind und Sonne ausgesetzt. Trotzdem müssen die Wiesenkontakte nicht nur auf den April und Mai beschränkt bleiben. Auf der Wiese ist immer etwas zu entdecken, mit allen Sinnen wahrzunehmen.

Wir geben für jede Jahreszeit, eigentlich sogar für jeden Monat, einige Anregungen, die zu Wiesenfühlungen mit der Familie, mit Freunden oder mit Kindergruppen ermutigen.

■ Spiele mit allen Sinnen

In den Abschnitten mit dieser Überschrift stehen einige bekannte und viele neue Spiele unter den Kategorien „Sehen", „Hören", „Riechen und Schmecken" und „Fühlen". Unter dem Punkt „Andere Aktivitäten" sind Experimente, Wettkämpfe, Spiele, Bastelein u. a. zu finden. Mit meditativen Übungen sollen die WiesenbesucherInnen die Ruhe für eine Tuchfühlung mit der Wiese erhalten.

■ Wir erleben Tiere und Pflanzen...

Unter diesem Titel werden jeweils Tiere und Pflanzen beschrieben, die in den genannten Monaten beobachtet und betrachtet werden können. Dabei wird das vielfältige Leben der Wiese kurz vorgestellt. Damit die geplanten Beobachtungen und Betrachtungen auch gelingen können, sollten bei jeder Aktion neben Bestimmungsbüchern, Fernglas und Lupe auch immer etwas Zeit und Glück mit im Gepäck sein.

■ Thematische Vorschläge für Wiesenfühlungen

Unter diesen Abschnitten werden thematische Führungen vorgestellt. Diese Wiesenfühlungen haben immer ein Schwerpunktthema, das jahreszeitentypisch ist und die Wiese als Gesamterlebnis mit all ihrer Blüten-, Farben- und Formenvielfalt oder ein bestimmtes Lebewesen der Wiese in den Mittelpunkt der Veranstaltung rückt.

Vorbereitung einer Wiesenfühlung

Wann und bei welchem Wetter findet die Wiesenfühlung statt?

Auch bei einer Naturführung auf der Wiese gilt: Es gibt kein schlechtes Wetter, sondern nur schlechte Kleidung. Vor allem festes Schuhwerk ist angebracht! Die Bekleidung sollte auch schmutzig gemacht werden dürfen. An sonnigen Sommertagen ist eine Kopfbedeckung wichtig, um einen Sonnenstich zu vermeiden. Bei Wiesenfühlungen am frühen Morgen sind zu Beginn oft Gummistiefel notwendig, da durch Morgentau oder Nebel die Gräser nass sind.

Wie viel Zeit muss für die Veranstaltung eingeplant werden?

Für eine Wiesenfühlung bieten sich (mit Picknick) zwei bis drei Stunden an. Kürzere Erkundungen könnten leicht hektisch verlaufen.

In der Regel sind „Fühlungen" im Sommer auf Grund der angenehmeren Temperaturen ausgedehnter als im Winter. Die frühen Morgenstunden bieten sich vor allem im Sommer an, damit die TeilnehmerInnen nicht der prallen Sonne ausgesetzt werden. In der übrigen Jahreszeit eignen sich besonders die Mittags- und Nachmittagsstunden.

Sind in der Wiesenfühlung Gruppenspiele geplant, muss dafür ausreichend Zeit zur Verfügung stehen. Als grobe zeitliche Orientierung schlagen wir nicht mehr als vier bis fünf Spiele pro Stunde vor. So bleibt noch ausreichend Zeit für Erläuterungen und eventuelle, oft von Kindern gewünschte Wiederholungen.

Durch das Zeigen von Tierbildern, Geschichten erzählen oder das Vorstellen von Tierstimmen mittels MC oder CD können Kinder schon vor der Veranstaltung auf die kommende Wiesenfühlung vorbereitet werden.

Welche Wiese ist geeignet?

Die Wiese darf nicht unter Naturschutz stehen und möglichst nicht an einer größeren Straße liegen. Achten Sie darauf, dass es keine Hundeauslaufwiese ist (Kot) und fragen Sie ggfs. den Eigentümer um Erlaubnis.

Wichtig ist, dass die ausgewählte Wiese mit öffentlichen Verkehrsmitteln, zu Fuß oder per Fahrrad erreichbar ist. Man braucht kein Auto und keine weiten Wege zurück zu legen, um schöne Naturerlebnisse zu erfahren.

Die ausgewählte Wiese muss vorher besucht werden, um die inhaltliche Konzeption nach den Bedingungen vor Ort auszurichten.

Welche Regeln sollten gelten?

Treffen Sie mit den beteiligten Kindern zuvor einige verbindliche Absprachen. So dürfen sie sich beispielsweise nur bis auf Sichtweite entfernen. Bestimmte lebende Tiere (z.B. Insekten, Spinnen, Lurche) dürfen nur kurz und sehr vorsichtig angefasst, die übrigen müssen in Ruhe gelassen werden. Pflanzen dürfen nicht aus Spaß ausgerissen werden. Es darf nur das gegessen werden, was von der Wiesenfühlungsleitung gestattet wird.

Welche Utensilien werden benötigt?

Fernglas, Lupen, Pinzetten und Tücher werden oft benötigt. Denken Sie an ein Handy (für Notfälle), Toilettenpapier und ein Erste-Hilfe-Set. An feuchten Tagen sind Sitzunterlagen praktisch. Um kleinere Tiere in Ruhe betrachten zu können, eignen sich Lupendosen recht gut. Ein Fotoapparat macht Erinnerungsbilder. Für ein Picknick werden Brettchen, Taschenmesser und Trinkbecher gebraucht. Die benötigten Materialien für Spiele, Beobachtungen und Experimente finden Sie vor den jeweiligen Anleitungen.

Fragen für die Planung und Durchführung einer Wiesenfühlung:

○ Welche inhaltlichen Schwerpunkte soll die Wiesenfühlung haben?

○ Welche (altersspezifischen) Wahrnehmungsübungen sind einsetzbar?

○ Welcher Wissensstand liegt vor und welche Vergleichsbilder aus dem Erlebnisbereich der TeilnehmerInnen gibt es?

○ Wie soll der inhaltliche Ablauf sein?

Die Kinder werden durch ein leichtes Spiel zu Beginn auf die Wiesenfühlung eingestimmt. Kleinere Kinder dürfen sich auch erst einmal austoben. Dann finden sich alle zusammen und lauschen Naturgeräuschen, z. B. bei einer meditativen Übung.

Um das Naturerlebnis abwechslungsreich, spannend und lehrreich zu gestalten, stimmen Sie Spiele und Wissensvermittlung aufeinander ab und berücksichtigen Sie auch Wünsche und Fragen der TeilnehmerInnen.

Bei Erschöpfung oder Langeweile kommt ein Picknick gut an.

Für den Rückweg planen Sie lustige Spiele wie Tier-Pantomimen oder Ratespiele ein.

Im Frühling

Im Frühling erwacht die Wiese zu neuem Leben. Viele Kräuter wachsen und blühen jetzt. Mitunter sind Wiesen von den Blüten der Frühblüher übersät. An warmen Tagen werden die Insekten und Spinnen aktiv. Die Wiesenvögel sind in der Balz und beginnen die Jungenaufzucht. Eine Sinfonie von Tönen, Düften und Farben wirkt auf unsere Sinne. Es ist eine besonders schöne Zeit für Wiesenfühlungen.

Eine charakteristische Frühlingsblume der Trocken- und Halbtrockenrasen ist die Kuhschelle bzw. Küchenschelle, die für uns zwar giftig, aber für die Bienen und Hummeln ein begehrtes Ziel sind.

Wiesenspiele und -aktivitäten von März bis Mai

Sehen

Blütenfarbenauswahl durch die Insekten

Material: Lupe, gelbes, rotes, weißes, violettes und blaues Tonpapier, etwas Honig, Pinsel, evtl. Klebstoff

Anzahl: ab 6 SpielerInnen

Alter: ab 5 Jahren

Die verschiedenen, Blüten besuchenden Insekten wie Bienen, Hummeln, Schmetterlinge, Käfer... verfügen über ganz unterschiedliche Farbwahrnehmungen. Das beeinflusst auch ihre Vorlieben bestimmter Blütenfarben. So können z. B. nur Schmetterlinge die Farbe Rot als solche wahrnehmen. Bienen nehmen auch ultraviolette Lichtmuster wahr und lassen sich besonders von die-

sen zum Blütenbesuch einladen. Die Insekten orientieren sich oft nicht nur an der Blütenfarbe, sondern auch am Duft.

Die TeilnehmerInnen betrachten die Wiese und nehmen das Farbenspiel in sich auf.
- Welche Blüten fallen besonders auf?
- Wie zeigen sich die (oft grazilen) Blüten unter der Lupe?

Die Aufmerksamkeit gilt nun den Blütenbesuchen der Insekten.
- Was für Insekten sind zu entdecken? Bienen, Hummeln, Schmetterlinge, Käfer...
- Werden manche Blüten besonders oft von Insekten besucht?
- Bevorzugen bestimmte Insekten dabei bestimmte Blütenfarben?

Hinweis: Damit die Insekten beobachtet werden können, sollten die TeilnehmerInnen sich möglichst wenig bewegen, damit sie keinen Wind erzeugen und keinen Schatten über die Insekten werfen – sie fliegen sonst weg!

Wir machen ein Experiment:
Um genauer zu erkennen, welche Blütenfarben von welchen Insekten bevorzugt werden, führen die TeilnehmerInnen ein Experiment durch. Sie legen gelbes, rotes, weißes, violettes und blaues Tonpapier auf der Wiese aus und beobachten:
○ Wie viele Insekten kommen in einer bestimmten Zeit (ca. 3 Min.) auf welches Papier?
○ Werden manche Farben nur von bestimmten Insekten besucht?
○ Kommen mehr oder auch andere Insekten zu Besuch, wenn die Papiere zusätzlich mit etwas Honig bestrichen werden?

„Die Hummeln gehen bummeln...“
Die Kinder spielen ihre Beobachtungen der Blütenbesuche nach. Sie teilen sich in drei Gruppen auf: z. B. in die der Schwebfliegen, die der Schmetterlinge und die der Hummeln. Nun schwärmen sie aus und sammeln „ihre“ Lieblingsblüten (nach der vorausgegangenen Beobachtung).
Bei jüngeren Kindern reicht die Auswahl der richtigen Blütenfarbe. Ältere Kinder erhalten die Aufgabe auch die richtigen Arten zu bringen.
Die Kinder zeigen einzeln ihre Blüten.

Der Feuerwanzentanz

Anzahl: ab 2 SpielerInnen
Alter: ab 4 Jahren

Die schwarz-roten Feuerwanzen treten oft gesellig am Fuße alter Linden auf. Bei der Paarung haken sich Männchen und Weibchen an ihren Hinterenden fest aneinander und bewegen sich so mitunter erstaunlich schnell eine Zeit lang fort...

Die SpielerInnen bilden „Feuerwanzen-Paare“. Dazu haken sie sich mit ihren Armen Rücken an Rücken ein. Jüngere Kinder können sich auch Rücken an Rücken an den Ärmeln oder Händen des Partners festhalten.
Die „Feuerwanzenpaare“ müssen nun aneinander gehakt möglichst schnell zu einem ca. 10 Meter entfernten Ziel gelangen. Dabei darf nur vorwärts und rückwärts, aber nicht seitwärts gelaufen werden.
Auf Zuruf, Pfiff oder Klatschen erfolgt mehrmals ein Positionswechsel der Kinder, sodass jedes Kind auch einmal vorwärts laufen darf.

Variante:
Für ältere Kinder kann man das Spiel erschweren und abwechslungsreicher gestalten, wenn man auf der zu überwindenden Strecke Hindernisse einbaut, die überwunden werden müssen: Steine, Äste, „Spinnennetze“ (ein gespanntes Seil oder Netz) usw.

Feuerwanzen

Regenbogenfarben

Material: weißer Karton A4/A3 Format, Kleber, evtl. Becher zum Blütensammeln
Anzahl: ab 2 SpielerInnen
Alter: ab 3 Jahren

Alle TeilnehmerInnen bekommen die Aufgabe, max. 5 Blüten in möglichst vielen verschiedenen Farben von der Wiese einzusammeln, um dann gemeinsam einen schönen Regenbogen aus den Blüten auf dem Karton zu gestalten. Vor dem Aufkleben oder Auflegen wird die Blütenpracht gemeinsam angeschaut und mithilfe der Spielleitung beim Namen genannt.
Ältere Kinder kennen vielleicht schon selbst die Namen einiger Blumen.
Hinweis: Geschützte Pflanzenarten sind natürlich von der Sammelei ausgeschlossen!

Wir beobachten Wiesenvögel

Material: Ferngläser, Bestimmungsbuch, vorbereitete Karteikarten mit Fotos oder Zeichnungen von bekannten Wiesenvögeln, Papier, Stifte
Anzahl: max. 10 SpielerInnen
Alter: ab 9 Jahren

Wir beobachten durch das Fernglas Wiesenvögel.

Wie sehen sie aus?
● Groß oder klein?
● Eher einfarbig oder bunt?

Wie bewegen sie sich im Flug?
● Zielgerichtet geradeaus (wie z. B. Lerchen, Stare, Schwalben, Tauben oder Enten)?
● Segeln sie in größeren und kleineren Kreisen am Himmel (z.B. Greifvögel wie Bussarde und Milane)?
● Fliegen sie in flachen Bögen (so wie Pieper und Finken)?
● Oder fliegen sie in tiefen Bögen mit kräftigem Flügelschlag (wie Bachstelzen, Würger und Spechte)?

● Vollführen sie hüpfende Flugbewegungen (wie Zeisige und Meisen)?

Und wie bewegen sie sich am Boden?
● Hüpfend und laufend (wie Amseln)?
● Stoßweise rennend (wie Bachstelzen)?
● Watschelnd (wie Stare)?

Während die TeilnehmerInnen beschreiben, was sie sehen, hilft die Spielleitung bei der richtigen Zuordnung und die TeilnehmerInnen machen sich evtl. Notizen zu ihren Beobachtungen.
Mithilfe des Bestimmungsbuches, der Karteikarten und der Notizen finden sie heraus, um welche Vögel es sich handelt.

Hinweis: Für eine erfolgreiche Vogelbeobachtung müssen alle TeilnehmerInnen sehr ruhig sein und dürfen keine auffällige und im Wind flatternde Kleidung tragen.
Die Sonne sollte im Rücken sein und allen ein eigenes Fernglas zur Verfügung stehen. Es erweist sich als sehr vorteilhaft, in einem Hochsitz auf der Wiese anzusitzen (nach Absprache mit dem zuständigen Förster).

Hören

Ein Vogelorchester besonderer Art

Material: CD-Player oder Kassettenrekorder mit entsprechenden Tonträgern

Anzahl: ab 5 SpielerInnen

Alter: ab 5 Jahren

Im Frühjahr ist die Luft von intensiven Vogelgesängen erfüllt. Uns fallen im März und April besonders die Singvögel mit ihren Territorial- und Balzgesängen auf. Es ist dabei nicht immer leicht, die verschiedenen Gesänge dem richtigen Sänger zuzuordnen. In der Vergangenheit haben sich daher immer wieder Menschen Verse ausgedacht, mit denen sie die Gesänge verknüpfen und sie sich damit leichter merken konnten. Diese Volksverse sind immer dem Rhythmus und häufig auch der Melodie des Gesanges angelehnt, z. B.:

Kohlmeise: „Sitz i da! Sitz i da!"

Buchfink: „Bin ich nicht ein schöner Bräutigam?"

Goldammer: „Wie, wie, wie hab ich dich lieb."

Grünfink: „Det, det, det ist schwäärrr!" (Das, das, das ist schwer.)

Ringeltaube: „Du Strohkopp, du, du."

Vorbereitung:

Von einer CD oder einer Kassette mit Vogelstimmen die oben genannten Vogelgesänge mehrmals auf eine Kassette übertragen.

Erläutern Sie den Kindern die vogeltypischen „Verse" und ihre Melodien mithilfe der Kassette.

Alle ahmen zunächst die Vögelgesänge mit den Versen noch gemeinsam nach. Sind die Verse eingeübt, werden Gruppen gebildet: z. B. drei Meisen, zwei Buchfinken, eine Ringeltaube usw. Die Gruppen stellen sich wie die Stimmlagen eines Chores auf und üben nun „ihre" Stimme noch einmal gruppenweise. Ein Dirigent übernimmt die Leitung des Orchesters und gibt mit einem Taktstock die Einsätze.

Und jetzt geht es los! Achtung!

Die Meisen bitte: „*Sitz i da! Sitz i da!*"

Und nun die Buchfinken: „*Bin ich nicht ein schöner Bräutigam?*"

Ringeltaube: „*Du Strohkopp, du, du!*"

Als furioses Finale können alle Gruppen noch einmal gleichzeitig loslegen!

Variante:

Ein Ratekind wird bestimmt. Die übrigen Kinder suchen sich gruppenweise eine Vogelart aus, deren Vers und Melodie sie dem Ratekind vorsingen wollen. Das Ratekind muss die Vogelart erraten und darf damit zu den „Sängern" wechseln. Ein neues Ratekind wird bestimmt.

Riechen und Schmecken

Suche den Pflanzenduft

Material: Tücher zum Augenverbinden und zum
Auslegen der Kräuter
Anzahl: ab 2 SpielerInnen
Alter: ab 6 Jahren

Die Spielleitung sucht auf einer Wiese nach fünf
Pflanzen, die einen besonders intensiven Duft
verströmen.

Im April: Gundermann-Blätter (Grüne Bohnen-
Geruch), Blätter von Schafgarbe, Sauerampfer, Wilde Möhre und Ackerminze,
Vogelbeeren-Blätter (Bittermandel-Ge-
ruch)

Im Mai: auch Blüten von Holunder, Weißdorn,
Klee, Thymian, Salbei

Die TeilnehmerInnen bilden Paare. Sie bekom-
men jeweils ein Tuch mit den 5 ausgewählten
Pflanzen und ein Tuch, mit dem sich jeweils ein
Partner die Augen verbindet. Reihum treten die
Paare an das Kräutertuch heran. Der sehende
Partner wählt eine Pflanze aus, zerreibt ein
Stückchen (Blatt, Stiel) unter der Nase des „Blin-
den" und legt die Pflanze auf das Tuch zurück.
Nun nimmt der blinde Partner die Augenbinde ab
und versucht die Pflanze aus denen auf dem
Kräutertuch heraus zu schnuppern. Wenn es ihm
gelingt, werden die Rollen getauscht.

Variante:

Die erfolgreich erschnupperte Pflanze muss auf
der Wiese noch einmal gesucht werden. Erst
wenn das gelingt, werden die Rollen getauscht.

Im Wiesenrestaurant im Mai

Material: Wasser, Schüsseln, Brettchen, Messer,
Laken als Tischtuch, Papier, Buntstifte
Je nach Auswahl der Rezepte: Brot,
Butter, Zwiebel, Baguette, angerührter
Quark, angerührte Salatsoße, an-
gerührter Frischkäse, Apfelsaft, Mine-
ralwasser, heiße Milch, kochend
heißes Wasser in Thermoskannen
Anzahl: ab 4 SpielerInnen
Alter: ab 5 Jahren

*Erlebte Begebenheiten werden gern von Kindern
nachgespielt. In diesem Spiel geht es um das Vorbereiten und Verspeisen eines selbst gesammelten
Menüs im eigenen Restaurant!*

Die Kinder bilden zwei Gruppen:
Die **erste Gruppe** „baut" vor Ort das „Restaurant"
und stattet es aus: Die Kinder decken die ausge-
legten Tischtücher, an denen zu ebener Erde später Platz genommen werden soll, dekorieren mit
gepflückten Blumen, verteilen Wasser in die später gebrauchten Gefäße zum Waschen der Kräuter
und zum Teekochen. Sie schreiben oder malen
die „Speisekarten", geben den einzelnen Gerich-
ten fantasievolle Namen...

Mögliche Speisen:

Frischer Wiesensalat, Blütenbrot, Löwenzahn-
Kartoffelsalat (s. S. 78), Kräuterquark, Gänse-
blümchenfrischkäse...

Mögliche Getränke:

Kräutersaft, Holundermilch, Wiesentee...

Die **zweite Gruppe** ist die Küchengruppe. Sie sammeln die Kräuter für die Fertigstellung der vorbereiteten Rezepte: Minze und Klee für den Wiesentee, Löwenzahn und Gänseblümchen für den vorbereiteten Kartoffelsalat, Huflattich und Sauerampfer für den Wiesensalat usw.
Die gesammelten Kräuter werden im „Küchenbereich" gesichtet (Spielleitung), gewaschen, zerkleinert und den jeweiligen Rezepten beigemengt.

Inzwischen ist aus der „Bau- und Einrichtungsgruppe" die „Gästegruppe" geworden. Die Gäste haben im „Restaurant" Platz genommen und warten auf die Bedienung. Die „Küchengruppe" geht nun nach der Fertigstellung der Rezepte zu den „Gästen" (Achtung! Saubere Tücher umbinden!) und nimmt die Bestellungen auf:
„Was möchten Sie essen? Sollen es ein oder zwei Löffel sein? Ein Stück Brot dazu? Und etwas zu trinken?…"
Dann nehmen sie die Teller ihrer Gäste, legen das Gewünschte darauf und bringen es dem Gast. Ebenso die Getränke.
Nach etwa 10 Minuten muss bezahlt werden. Auch das dafür notwendige „Spielgeld" findet sich auf der Wiese (Blüten, Samenstände vom Wegerich usw.).
Die „Gäste" räumen die Tische ab und können mit der „Küchengruppe" die Rollen tauschen.

Hier nun die Rezepte für je 4 Personen:

Frischer Wiesensalat

Zutaten: Marinade aus dem Saft einer Zitrone und 3 EL Distelöl, 3 Hand voll Kräuter (junge Blätter von Löwenzahn, Wegerich und Brennnessel, Vogelmiere, Huflattich, Sauerampfer, Gundermann)

Die Kräuter werden fein zerschnitten und mit der fertigen Marinade vermengt.

Blütenbrot

Zutaten: 4 Scheiben Brot mit Butter, frische Blüten von Löwenzahn, Holunder, Klee und Robinie (ausgezupft), Veilchen, Gänseblümchen, Taubnessel, Vogelmiere, Wiesenschaumkraut, Blütenknospen von Löwenzahn, Gänseblümchen…

Die Blüten werden auf den Broten verteilt oder dekorativ angeordnet.

Gänseblümchenfrischkäse

Zutaten: 200 g Doppelrahmfrischkäse (angerührt mit etwas Milch, etwas Zitronensaft, Salz), 1 Hand voll Blüten, Knospen und Blätter des Gänseblümchens

Der Frischkäse wird schon zu Hause mit den oben genannten Zutaten verrührt. Auf der Wiese werden die Gänseblümchen gewaschen und hinzugefügt.
Dazu wird z. B. Baguette gereicht.

Kräuterquark

Zutaten: 500 g Quark (angerührt mit Leinöl, Salz, 1 Tasse Milch), 1 Hand voll Kräuter (Gänseblümchen, Blätter von Löwenzahn, Wegerich, junger Brennnessel, Klee, Knoblauchsrauke, Taubnessel, Vogelmiere)

Der Quark wird mit den Zutaten schon zu Hause verrührt, sodass auf der Wiese nur noch die frisch gesammelten Kräuter gewaschen und geschnitten hinzu kommen. Zu dem Quark können Pellkartoffeln oder Brot gereicht werden.

Kräutersaft

Zutaten: 1 l Apfelsaft, 1 Fl. Mineralwasser, je 2 Dolden Holunder- und Robinienblüten, 2 Stängel Giersch, 1 Stängel Gundermann, 1 Zitrone

In den Apfelsaft werden die Kräuter als Sträußchen gebunden für mind. 2 Stunden hineingehängt. Vor dem Trinken werden Mineralwasser und Zitronensaft aufgefüllt.

Holundermilch

Zutaten: 3 Holunderblüten-Dolden, 1 l Milch, 2 EL Honig, 1 Päckchen Vanillezucker

Die heiße Milch über die ausgezupften Blüten gießen. Nach 15 Minuten die Blüten abseihen und die Milch süßen.

Wiesentee

Zutaten: 1 l kochend heißes Wasser, 1 Hand voll Wiesenkräuter (Blüten von Rotklee, Holunder, Taubnessel, Veilchen, Wegwarte u. a.; Blätter von Huflattich, junger Brennnessel, Minze, Wegerich, Vogelmiere, Hirtentäschel, Wegwarte, Weißdorn)

Die Blüten und Blätter werden mit dem kochenden Wasser übergossen. Der Tee soll 10 Minuten durchziehen, dann wird abgeseiht.

Fühlen

Familie Spitzmaus auf Wanderschaft

Material: Tücher zum Verbinden der Augen, Schnur
Anzahl: ab 4 SpielerInnen
Alter: ab 6 Jahren

Feldspitzmäuse sind nachtaktive Einzelgänger. Um ihren Nachwuchs bei Gefahr in Sicherheit zu bringen, bilden die Muttertiere eine Art „Fluchtkarawane" mit ihren Jungen. Die Kleinen, die bis zum 13. Lebenstag blind sind, beißen jeweils in den Schwanz der vorderen Spitzmaus und laufen so als Karawane über die Wiese. Das sehende Muttertier führt sie an.

Die SpielerInnen sind Spitzmäuse und binden sich eine 1 - 2 Meter lange Schnur als Schwanz um den Bauch, sodass das Ende der Schnur nach hinten hängt. Eine der Spitzmäuse ist die Mutter. Alle anderen sind ihre Kinder, die sich hinter der Mutter in einer Reihe hinknien und jeweils das Seilende der Vordermaus in den Mund nehmen. Die Spitzmauskinder schließen die Augen oder sie bekommen sie verbunden. Dann führt die Spitzmausmutter ihre Kinder sehr langsam (Rücksicht auf die Zähne der Kinder!) vorwärts über die Wiese. Sie warnt sie vor Gefahren wie Abhängen, Löchern, Hecken rechts oder links und umgeht so die Hindernisse. Sollte einem „Spitzmauskind" der „Mäuseschwanz" des Vorgängers aus seinem Mund herausgezogen worden sein, piept das „Spitzmauskind" laut, sodass die „Spitzmausmutter" stehen bleibt. Die Schnur wird dann erst wieder in den Mund genommen.
Alle achten bei ihrer „Wanderung" auf Geräusche, Gerüche und die Wiesenoberfläche.

Barfuß am Seil

Material: Tücher zum Augenverbinden, langes Seil, Pfosten zum Stecken
Anzahl: ab 3 SpielerInnen
Alter: ab 5 Jahren

Um einen engen Kontakt zum Wiesenboden zu bekommen, ist barfuß laufen unumgänglich. Dafür müssen im Frühling allerdings warme Tage ausgewählt werden, damit niemand einen Schnupfen bekommt.

Alle TeilnehmerInnen ziehen sich Schuhe und Strümpfe aus und verbinden sich die Augen.
Die Spielleitung führt sie zu einem Seil, an dem sich alle festhalten.
Die (sehende) Spielleitung nimmt den Seilanfang und läuft langsam los. Sie warnt jeweils vor Gefahren, z. B. einer Bodenunebenheit. Sie sollte bei ihrer Führung möglichst Wiesenabschnitte unterschiedlicher Qualität (feucht, trocken usw.) auswählen.
Die TeilnehmerInnen konzentrieren sich auf den Untergrund, auf dessen Temperatur, Bewuchs, Feuchtigkeit, Oberflächenstruktur. Auch versuchen sie ihre nun verbliebenen Sinne zu schärfen, z. B. den Geruchssinn und den Hörsinn. Welche Töne und welche Düfte werden wahrgenommen? Am Schluss nach dem Abnehmen der Augenbinden können sich alle zusammensetzen und ihre Eindrücke erzählen.
Hinweis: Ist es möglich diese Übung alle 14 Tage auf der gleichen Wiese zu wiederholen, können die wachstumsbedingten Veränderungen erfühlt werden.

Wettermacher

Anzahl: ab 2 SpielerInnen
Alter: ab 4 Jahren

Wählen Sie für dieses Spiel einen warmen Tag, an dem man auf der Wiese sitzen und die Jacken ausziehen kann. Alle TeilnehmerInnen sitzen oder knien hintereinander und bilden dabei einen Kreis. Dabei sitzen sie so eng aneinander, dass der Rücken des Vorderen gut von den Händen des Hinteren erreicht werden kann.

Alle TeilnehmerInnen schließen die Augen und machen den von der Spielleitung erzählten Wetterbericht, einen typischen Wetterverlauf im Frühjahr, mit ihren Händen auf dem Rücken des Vorderen erlebbar.

Im folgenden Beispiel wird der Wetterverlauf mit möglichen Massagehandlungen beschrieben:

Es ist Nacht und der Wind bläst leicht (*in den Nacken pusten*).

Plötzlich fängt es leicht an zu regnen (*mit den Fingern leicht klopfen*), der Regen wird stärker (*starkes klopfen mit den Fingern*), der Regen wird schwächer (*leichteres klopfen mit den Händen*), die letzten Regentropfen fallen (*leichtes klopfen mit den Fingerspitzen*), die Morgensonne erscheint und wärmt (*streicheln, dann die wärmende Hand auflegen*).

Hinweis: Außer den Wettererscheinungen können auch Handlungen von Wiesenbewohnern mit dargestellt werden, z. B.: ...die Spinnen fliehen vor dem Regen unter die Blätter (*mit zwei Fingern über den Rücken laufen*). Viel Fantasie ist gefragt.

Variante:

Das Wetter kann auch als eine Art „Stille Post" weitergegeben werden. Dazu sitzen alle TeilnehmerInnen in einer Reihe hintereinander und schließen die Augen. Die Person, die ganz hinten sitzt, denkt sich eine Wettererscheinung aus und massiert, klopft, streichelt... sie auf den Rücken der vor ihm sitzenden Person. Diese gibt nach vorne weiter, was sie empfunden hat. Die vorderste Person muss nun raten, um welche Wettererscheinung es sich handeln könnte. Rät sie die Wettererscheinung nicht, wird das Rätsel aufgelöst. Der erste „Empfänger" wechselt nach hinten und „sendet" nun selbst eine Wettererscheinung...

Andere Aktivitäten

Störche bringen Futter zum Nest

Material: Taschenmesser, Fichtenzapfen
Anzahl: ab 6 SpielerInnen
Alter: ab 5 Jahren

Auf feuchten, überschwemmten Wiesen schreiten im Frühjahr Störche, um mit ihren langen Schnäbeln den weichen Boden nach Nahrung abzusuchen, die sie zum Nest zu ihren Jungen bringen. Dieses Erfassen und Transportieren der Nahrung mittels eines langen „Schnabels" spielen wir mit diesem Spiel nach.

Die Spielleitung streut auf einer Spielfläche Fichtenzapfen aus. Die TeilnehmerInnen suchen sich je zwei etwa 30 cm lange, nicht biegsame, nicht morsche Stöcke. Nun versuchen sie die Zapfen (symbolisch für Mäuse, Frösche u. ä.) einzeln mit den zwei Stöcken aufzuheben und sie zu einem ca. fünf Meter entfernt stehenden „Nest" (z. B. auf eine Jacke) zu bringen.
Nach dem Probedurchgang werden Paare gebildet. Die „Storcheneltern" haben je 3 Minuten Zeit, so viele Zapfen wie möglich zu ihren Jungen ins Nest zu bringen. Dabei wechseln sich die Störche bei der Futtersuche ab. Ein Storch bleibt bei den Jungen im Nest. Jeweils zur Begrüßung des Partners bei der Rückkehr von der Futtersuche klappert der im Nest sitzende „Storch" mit dem Schnabel, so wie es auch die richtigen Störche tun.
Dann werden kleinere Objekte (Eicheln, Steine u. Ä.) ausgewählt, mit denen das Sammeln von Insekten nachgespielt wird. Dazu werden von der Spielleitung die Stöcke mit einem Taschenmesser etwas angespitzt.

Wolfsspinne auf Springschwanzjagd

Anzahl: ab 8 SpielerInnen
Alter: ab 4 Jahren

Auf dem sonnenerwärmten Boden rennen achtbeinige Wolfsspinnen flink hinter den millimetergroßen Springschwänzen her, um sie zu fangen und zu fressen.

Aus der Gruppe werden vier Kinder ausgewählt, die zusammen eine Wolfsspinne bilden (mit 8 Beinen). Auf ihrer Jagd müssen alle Vier immer hintereinander zusammenbleiben und sich an der Schulter des Vordermanns festhalten. Nur das vorderste Kind als Kopf der Spinne fängt die Beute.
Die übrigen Kinder spielen Springschwänze, die sich auf der ca. 10 x 5 m großen Spielfläche (je nach Spieleranzahl) verteilen. Die „Springschwänze" dürfen nur in der Hocke kauern und sich aus dieser Position hopsend fortbewegen.
Ist ein „Springschwanz" gefangen, so fällt er in eine Art Starre. Wenn sich dann vier Kinder in dieser Bannstarre befinden, lösen sie die „Wolfsspinne" ab.

Meditative Übungen

Das Wunder des Erblühens

Anzahl: ab 8 SpielerInnen
Alter: ab 6 Jahren, Variante: ab 4 Jahren

Gänseblümchen öffnen und schließen sich in Abhängigkeit vom Sonnenlicht. Das wollen wir mit dieser Übung meditativ nachempfinden.

Die Gruppe bildet einen Kreis und jede/r Zweite tritt einen Schritt hinein, um einen Innenkreis zu bilden. Keiner außer der Spielleitung spricht.

Zunächst ist die Blüte noch geschlossen. Der Innenkreis (die Blütenblätter) rückt ganz eng zusammen und alle hocken sich hin. Der äußere Kreis (die schützenden Kelchblätter) rückt ebenfalls ganz eng an den inneren Kreis. Alle SpielerInnen hocken sich hin und breiten schützend die Arme über den Innenkreis.

Nun spricht die Spielleitung:

„Langsam weicht die Dunkelheit der Nacht und die Sonne zeigt ihre ersten Strahlen. Ihr Kelchblätter! Fasst euch bei den Händen und hebt sie über euren Kopf. (*Pause*)
Steht ganz langsam auf. Streckt eure Hände der Sonne entgegen. (*Pause*)
Sie hat die Nacht vertrieben und strahlt voll am Himmel.
Kelchblätter! Geht weit auseinander. Aber lasst eure Hände zusammen, sodass der Kreis gerade noch geschlossen ist. Blütenblätter! Kommt ganz langsam hoch. Fasst euch an den Händen und hebt eure Hände und Arme weit über eure Köpfe. Hebt eure Gesichter zur Sonne empor. Spürt ihre Wärme.
Jetzt lasst alle eure Nachbarn los, tretet noch einen Schritt zurück. (*Pause*)
Nun legt euch auf den Boden mit dem Kopf nach außen. Dabei legt ihr Blütenblätter euch ausgestreckt zwischen zwei Kelchblätter. (*Pause*)
Entspannt euch und lasst Arme und Beine locker werden. (*Pause*)

Schließt die Augen! Spürt, wie die Sonne euch streichelt. Spürt die weiche Wiese unter euch. Ruht euch aus und genießt, dass ihr nun ganz und gar erblüht seid..."

Nach ca. 3 Minuten wird der Prozess des Erblühens umgekehrt, die Blüte soll sich nun wieder schließen. Dazu spricht die Spielleitung:

„Es ist Abend geworden, der Himmel färbt sich ganz rot und die Blüte will sich langsam wieder schließen. Sie ist müde geworden... Öffnet jetzt alle die Augen, kommt aus dem Liegen hoch und geht in die Hocke. Steht langsam auf. Ihr Blütenblätter! Fasst euch wieder an. Auch ihr, Kelchblätter! Fasst euch an.
All ihr Blütenblätter rückt nun eng zusammen. Hebt noch einmal eure Arme über den Kopf. Blütenblätter! Legt eure Arme um die Schultern eurer Nachbarn und schmiegt euch aneinander.
Ihr Kelchblätter! Hebt nun auch noch einmal eure Arme über eure Köpfe und tretet ganz dicht an die Blütenblätter heran. Während ihr nun langsam in die Hocke geht, breitet ihr schützend eure Arme über die geschlossenen Blütenblätter und schmiegt euch an sie an. (*Pause*)
Nichts kann jetzt eure Ruhe mehr stören. Schließt die Augen. Die Sonne ist untergegangen. Gute Nacht!

Hinweis: Ist der Boden sehr feucht oder kalt, legen sich die Blüten- und Kelchblätter nicht hin, sondern entspannen im Stehen.

Variante:

Alle Meditationen können nach eigener Fantasie ausgeschmückt werden. Zum Beispiel kann eine Biene (die Spielleitung oder ein Kind) an allen Blättern vorbeifliegen und sie etwas an der Nase kitzeln. Oder ein Windhauch streift über die Blüte und allen wird leicht ins Gesicht gepustet. Dadurch wird zwar der meditativen Ruhe etwas entgegengewirkt, aber die Konzentrationsfähigkeit wird durch die Erwartung von Biene oder Windhauch gefördert.

Ein Wiesenbild malen

Material: Pinsel, Becher mit Wasser, Mischpalette, Aquarellpapier und -farben, Wischlappen, Unterlage

Alter: ab 7 Jahren

Bei der Aquarellmalerei kommt es sehr auf die Arbeit mit dem Wasser und den verschiedenen Farben an. Das Aquarellmalen in der Natur sollte in Ruhe und mit viel Zeit geschehen. Nur so kann die Vielfalt der Farben und Formen aufgenommen werden.

Die Aquarellmalerei ist aber nicht nur ein künstlerisches Ausdrucksmittel, sondern hat auch einen meditativen Charakter. Sie ist ein ausgezeichnetes Mittel, um sich in die Wirkung und das Leben der Wiese zu versenken und dafür zu sensibilisieren.

Die TeilnehmerInnen suchen sich einzeln einen bequemen Platz auf der Wiese. So können sie ungestört in die Natur versinken. Der Aquarellblock kann auf dem Schoß liegen. Es geht nicht darum, etwas abzumalen. Gegenstände sind sekundär. Allein die Wirkung und Anordnung der Farben ist wichtig.

TIPP: An sonnigen und windigen Tagen ist zu beachten, dass die Farben schnell trocknen.

Wir erleben Tiere und Pflanzen – Lerchengesang und bunte Schmetterlinge

März

Aus ihren Winterquartieren kehren Kurzstrecken-Zugvögel wie Singdrossel, Star, Kiebitz, Hausrotschwanz, Bachstelze, Rotmilan (➤ S. 128), Goldammer (➤ S. 106) und Feldlerche zurück. Schwärme von Staren versammeln sich auf den Wiesen und durchpflügen mitunter die nun nach dem Winter besonders häufigen frisch aufgeworfenen Maulwurfshügel (➤ S. 120) nach Regenwürmern und Insekten. Durch den watschelnden Gang und die schnalzenden, quietschenden und schmatzenden Töne können sie schon von Weitem erkannt werden. Bachstelzen fallen durch ihr sprintartiges Rennen und den wippenden langen Schwanz auf. Zur Familiengründung und Revierabgrenzung lassen schon die verschiedensten Arten ihre Gesänge, z. B. Feldlerche, Amsel, Grünfink und Meisen hören. Das Feldlerchenmännchen trällert durchschnittlich 4, maximal 15 Minuten bei seinem steilen Aufstieg von 50 bis 100 Meter in der Luft. Kiebitze zeigen torkelnde Balzflüge. Mitunter sieht man, wie eine Blaumeise eine andere füttert. Dabei wird jedoch kein Jungtier versorgt. Anlässlich der Balz schnäbelt liebevoll das Männchen mit dem Weibchen und bringt eine leckere Raupe vorbei. Auch die Finken veranstalten dieses Balzfüttern. Sie tragen, ebenso wie Bluthänflinge und Gartenrotschwänze, ein farbenprächtiges Frühlingsgewand, dass jedoch nicht nach einer Mauser neu gewachsen ist, sondern nur durch die Abnutzung und den Verlust der anderen Federn zu Tage tritt.

Mit etwas Glück kann der Durchzug der Kraniche und Graugänse verfolgt werden. Einige Wintergäste wie Birkenzeisig, Seidenschwanz, Schneeammer und Saatkrähe verlassen uns.

In diesem Monat zeigen Feldhasen in der Flur bei ihrer Hochzeit wahre Boxwettkämpfe und sind dadurch unvorsichtiger als in der übrigen Zeit des Jahres. Vielleicht kann so ein Hasenpärchen beobachtet werden (➤ S. 96). Auf das frische Grün der Wiesen kommen auch Rehe, Hirsche und Kaninchen zum Äsen.

Erdkröten unternehmen bei nächtlichen Temperaturen über 5°C und evtl. Nieselregen nächtliche Massenwanderungen von fast 2 km zu ihren Laichgewässern. Weibchen tragen oft ein Männchen huckepack. Moor- und Grasfrösche ziehen auch über feuchte Wiesen in ihre Laichgewässer. Beide haben braune Schläfenflecken und fressen Schnecken, Würmer und Insekten. Moorfrösche haben ein zugespitztes Maul und eine einfarbige Unterseite, Grasfrösche haben ein stumpfes Maul und eine marmorierte Unterseite.

Weiden, Erlen, Birken und Holunder treiben die ersten grünen Blättchen aus. Bei genauerer Betrachtung ist die leichte Behaarung der Blätter zu erkennen, die vermutlich die Blätter vor Kälte schützen. Schlehen, wegen ihrer schwarzen Zweige auch als Schwarzdorn bezeichnet, zeigen ihren Laubaustrieb erst nach der Entfaltung der weißen Blüten. An den gelben Blütenkätzchen der männlichen Weiden suchen Wiesenhummeln, Pelzbienen und Honigbienen nach Pollen und an den grünen Kätzchen der weiblichen Weidenbäume nach Nektar (➤ S. 110). Auch verschiedene Schmetterlinge wie Tagpfauenauge, Kleiner Fuchs und Zitronenfalter können sich dort schon einfinden. Sie haben als Schmetterling überwintert und nicht als Puppe wie viele andere Schmetterlingsarten (➤ S. 130). Erlen und Pappeln (➤ S. 85) zeigen ihre Kätzchen, sie werden wie die Haselnuss vom Wind bestäubt. Jetzt keimen die verschiedensten Kräuter, z. B. Löwenzahn (➤ S. 77), Brennnessel (➤ S. 62), Klee (➤ S. 75), Wegerich (➤ S. 92) und Ehrenpreis. Es blühen Huflattich,

Gänseblümchen (➤ S. 64), Hirtentäschel, Vogelmiere und Rote Taubnessel. Sie laden zum Verkosten in einem Wildkräutersalat oder zum Sammeln für Heilzwecke ein. Auf trockenen Wiesen entfalten sich hier und da die Echte Kuhschelle und das Frühlingsfingerkraut, dessen gelbe Blüten sich bei Feuchtigkeit schließen.

Auf dem erwärmten Boden werden an sonnigen Tagen Ameisen, Marienkäfer, Doppelfüßler, Asseln, Hundertfüßler, Spinnen und Ohrwürmer aktiv. Nach den ersten warmen Tagen und frostfreien Nächten am Ende des Monats sind am frühen Morgen massenhaft kleine Kothäufchen der Regenwürmer zu finden. Sie sind nach dem Winterschlaf nun aufgewacht.

April

Die Tagestemperaturen steigen. Die Familiengründung vieler Säuger und Vögel hat ihren Höhepunkt erreicht. Die letzten Wintergäste, z. B. die Bergfinken, verlassen uns. Aus ihren Winterquartieren kehren Langstrecken-Zugvögel zurück, wie der Weißstorch (➤ S. 135), die Grasmücken, der Girlitz, die Schwalben (erst Rauch-, dann Mehlschwalben), die Rotschwänze und der Turmfalke. Am Boden zwischen dem frischen Grün kann mit Geduld und etwas Glück das Nest eines Bodenbrüters, z. B. Feldlerche, Goldammer, Wiesenpieper und Schafstelze entdeckt werden. In Nischen, Höhlen oder Erdlöchern brüten Bachstelzen, Feldsperlinge, Blau- und Kohlmeisen, Grauschnäpper und Rotkehlchen. Die im 13. Jahrhundert in Deutschland zu Jagdzwecken eingebürgerten Jagdfasane halten Hochzeit. Ihre Anwesenheit tun sie uns kund durch die lauten „kökököko" Rufe der langschwänzigen Fasanenmännchen. In diesem Monat gesellen sich ein bis zwei Weibchen zu ihnen, die im Revier ab Ende April drei Wochen lang brüten.

In den frühen Vormittags- und späten Nachmittagsstunden können grünliche Zauneidechsenmännchen entdeckt werden, die während ihrer Paarungszeit heftige Beißkämpfe austragen.

Eidechsen können bei Gefahr den hinteren Teil ihres Schwanzes abwerfen. Aber nur einmal im Leben. Daher die Tiere bitte nicht anfassen! Das abgeworfene Stück Schwanz kringelt sich noch eine Weile und lenkt so potenzielle Feinde von der Eidechse ab. Die bis 24 cm langen Zauneidechsen sind sehr ortstreu und bleiben als Paare über Jahre in dem einmal ausgewählten Gebiet. Ihnen können Kreuzottern gefährlich werden. auf. Diese jagen auf feuchten Wiesen von Sonnenaufgang bis etwa 10 Uhr vormittags und ab 16 Uhr nachmittags bis zur Dämmerung Mäuse und Eidechsen. Vorsicht! Ihr Biss ist giftig, jedoch nicht tödlich. Auf dem Rücken trägt die bis zu 15 Jahre alte und ca. 65 cm lange Schlange ein Zickzackband.

Im April werden auch Kröten aktiv. Wechsel- und Kreuzkröten fressen nachts Nacktschnecken, Würmer und Spinnen. Ihnen reicht schon eine überschwemmte Wiese, eine Regenpfütze oder eine wassergefüllte Wagenspur zur Eiablage aus. Wenn bei der Wiesenfühlung ein Tier gefunden wird, bitte Vorsicht beim Anfassen! Ihre Haut gibt bei Gefahr ein Sekret ab, das zu Schleimhautreizungen führt, vor allem, wenn man es sich in die Augen reibt. Ansonsten ist es für viele Menschen schon überraschend, dass sich die Haut der Kröten gar nicht glitschig anfühlt.

Der Hartriegel mit seinen rötlichen Zweigen, der Weißdorn mit seinen weißlichen Zweigen und die Eschen treiben aus. Erlen und Birken tragen ihre Blütenkätzchen. Blau blühende, duftende Veilchen, gelbe Löwenzahnblüten, rosa Blütenähren von Wiesenknöterich und gelbgrüne Blüten des Frauenmantels tauchen die Wiese in ein buntes Kleid. Auf feuchteren Wiesen zeigen sich Sumpfdotterblumen mit ihren nierenförmigen, dunkelgrünen Blättern und den gelben Blüten. Mit der jetzt beginnenden Blütezeit des Wiesenschaumkrautes schlüpfen die Larven der Wiesenschaumzikade und blasen Luft in ihre Ausscheidungen. Durch diesen so genannten „Kuckucksspeichel" sind die Larven vor Austrocknung und auch vor Feinden geschützt. Wenn der Schaum auseinander gezogen wird, lässt sich die Zikadenlarve entdecken.

Mai

Die letzten Langstrecken-Zugvögel kehren zurück: Mauersegler, Kuckuck, Neuntöter, Grauschnäpper und Rohrsänger. Sie bevorzugen Insektennahrung. Ein Pärchen Mauersegler verfüttert pro Tag 8000 bis 40.000 Insekten und Spinnen zu Nahrungsballen zusammen geklebt an ihre Jungen. Ein Kuckucksweibchen legt in einem Frühjahr bis zu 22 Eier in die kleinen, zarten Nester von Baumpieper, Gartengrasmücke, Bachstelze oder Rohrsänger einzeln ab. Die Eier ähneln in Größe, Farbe und Form den Eiern des Wirts, da das Kuckucksweibchen seine Eier an die Vogelart angepasst hat, bei der sie selbst groß geworden ist. Das geschlüpfte Kuckucksjunge wirft die anderen Eier und Jungvögel aus dem Nest, die dann oft unter dem Gebüsch tot aufzufinden sind.

Neuntöter sind Singvögel, die oft auf Weidenzäunen sitzend nach Beute Ausschau halten. Die Männchen tragen einen schwarzen Augenstreif, einen rotbraunen Rücken und einen grauen Kopf. Mit ihrem Hakenschnabel erbeuten sie Insekten, Eidechsen, Mäuse und kleine Frösche und spießen sie auf Dornen von Gebüschen auf. Das ist ihre Art von Vorratshaltung. Vielleicht ist das eine oder andere Beutetier bzw. dessen Reste an manchen Sträuchern noch zu entdecken.

An feuchten Stellen sind aneinander liegende Schnecken zu entdecken, die sich durch „Liebespfeile" gegenseitig zur Paarung stimulieren. In der Dämmerung suchen Igel nach Schnecken, Käfern und Mäusen. Auch die bis 45 cm langen Blindschleichen gehen auf die Jagd. Diese beinlosen Echsen können 50 Jahre alt werden und ihr Schwanzende bei Gefahr abwerfen. Wie die Eidechsen auch nur einmal im Leben. Füchse können mitunter in der Dämmerung bei ihrer Jagd nach Feldmäusen beobachtet werden. Dabei springen sie mit allen Vieren gleichzeitig hoch (➤ S. 102).

Rosen- und Holunderzweige sind oft dicht mit Blattläusen besetzt. Deren einzige Aktivitäten während des Sommers sind Pflanzensaft trinken und Töchter (in Jungfernzeugung) gebären. Eine Blattlaus kann 70 Töchter gebären, welche schon nach 10 Tagen selbst wieder gebären. Auf Blattlauskot, auch Honigtau genannt, warten viele Insekten (Ameisen, Bienen u. a.). Sie fressen oder sammeln ihn mit Vorliebe. Mitunter sind auch geflügelte Blattläuse zu finden, die bei schlechten Nahrungsbedingungen oder großem Gedränge gebildet werden. Die geflügelten Tiere suchen sich dann einen neuen Platz.

Auf frischen, nährstoffreichen Wiesen entfaltet sich flächendeckend das satte Gelb des Löwenzahns, der 1 - 2 Wochen später, noch vor dem ersten Wiesenschnitt, seine silberweiß leuchtenden Fruchtstände, die „Pusteblumen" präsentiert (➤ S. 77). Auf feuchten Wiesen leuchten die gelben Blüten des Hahnenfußes. Die Blüten der Taubnessel und die gelben Blüten des giftigen Schöllkrautes locken mit ihrem Nektar die Bienen an. Beim Blumenpflücken kann dem Menschen besonders der gelbe Milchsaft des Schöllkrautes Hautreizungen verursachen. Auf trockenen Wiesen erblüht die duftende Zypressenwolfsmilch. Auf Streuobstwiesen blühen die Apfelbäume und verströmen einen süßlichen Duft, der viele Bienen anlockt (➤ S. 58).

Im Mai erfolgt auf Mähwiesen der erste Schnitt, auch „Mahd" genannt. Da, wo Düngewiesen noch nicht geschnitten sind, erstrahlt das Weiß der verschiedenen Doldenblüherblüten wie Wiesenkümmel, Bärenklau, Wiesenkerbel und Wilde Möhre. Auf trockenen Wiesen erblühen violette Wiesenglockenblumen, Salbei, Grasnelke und purpurne Pechnelke. Die Blüten locken eine vielfältige Insektenwelt an wie Schwebfliegen, Schmetterlinge, Fliegen (➤ S. 123), Käfer und andere mehr. Erste frisch geschlüpfte Mücken und Libellen schweben über die Wiese.

Krabbenspinnen sind Spinnen mit acht breit gespreizten Beinen wie bei einer Krabbe. Die oft farbigen Weibchen haben sich der Blütenfarbe (gelb auf Löwenzahn, weiß auf Margeriten) ihres Lauerverstecks perfekt angepasst. Sie lauern auf diesen Blüten und überwältigen blütenbesuchende Bienen, Schwebfliegen und Wespen.

Vorschlag für eine thematische Wiesenfühlung im Frühling

In der Welt der Biene Maja

Der Frühling bietet zahlreiche Möglichkeiten, Wiesenfühlungen thematisch zu gestalten. An dieser Stelle wollen wir Ihnen nur eine vorschlagen. Aber viele weitere ergeben sich beim Betrachten einer Frühlingswiese wie von selbst.

Sobald es warm wird und die ersten Wiesenkräuter blühen, kommen auf der Wiese Insekten zum Vorschein. Das rege Treiben der Sechsbeiner lädt dazu ein, sich mit diesen Tieren und mit ihrer Welt etwas näher zu beschäftigen. Eine Wiesenfühlung unter dieser Thematik sollte am besten bei sonnigem, warmem Wetter durchgeführt werden, da unter diesen Witterungsbedingungen die meisten Blüten offen und die Insekten besonders aktiv sind. Es wäre auch günstig, wenn der Wiesenboden trocken und schon etwas erwärmt wäre. Denn um die Welt der Biene Maja zu entdecken, ist es notwendig, sich auf ihre Ebene zu begeben. Das heißt, sich auf die Wiese zu legen. Diese Stellung sollte ruhig einige Minuten beibehalten werden (je länger, umso besser), denn unser Blick, unser Gehör und unsere Nase schärfen sich erst nach einiger Zeit für die bislang unscheinbare und mit Füßen getretene Welt.

Unsere Aufmerksamkeit gilt aber natürlich nicht nur den Bienen, sondern auch anderen Insekten, Spinnen, Vielfüßlern, aber auch den Fröschen und Eidechsen. Selbstverständlich bieten auch die Pflanzen aus unserer neuen Perspektive genug Anlass zum Staunen.

Für diese Wiesenfühlung eignen sich folgende Übungen und Spiele zur Sensibilisierung der Sinne:

- Das Wunder des Erblühens/Meditation (S. 18)
- Der Feuerwanzentanz (S. 9)
- Blütenfarbenauswahl durch die Insekten (S. 8)
- Die Wolfsspinne auf der Springschwanzjagd (S. 17)
- Störche bringen Futter zum Nest (S. 17)
- Familie Spitzmaus auf Wanderschaft (S. 15)

Es ist je nach Gruppen- und Altersstruktur natürlich auch möglich, noch andere Spiele oder Übungen in die erlebnisreiche Wanderung einzubinden, z. B. *Ein Wiesenbild malen* (S. 19).

Als kulinarischen Abschluss ließe sich ein *Blütenbrot* (S. 13) reichen.

Im Sommer

Die warme Jahreszeit ist angebrochen. Auf einigen Wiesen wurde bereits eine Mahd (1. Wiesenschnitt im Jahr) durchgeführt, andere Wiesen sind von den Farben und Gerüchen der Blüten erfüllt. Es sind ausdauernde Konzerte der Grillen und Heuschrecken zu hören. Die auffälligen Balzgesänge der Vögel sind nicht mehr zu vernehmen. Die warme Luft und der gut erwärmte Boden laden uns zum engen Kontakt mit der Wiese ein, um das große Leben der kleinen wirbellosen Tiere ganz aus der Nähe zu erleben.

Die Wiese im Sommer bietet sich für zahlreiche Tuchfühlungen und Entdeckungen an.

Wiesenspiele und -aktivitäten von Juni bis August

Sehen

Was läuft am Boden?

Material: Becher, Lupendose, evtl. Pinzette und kleine Schaufel
Anzahl: ab 2 TeilnehmerInnen
Alter: ab 5 Jahren

Die Kinder graben jeweils einen Becher so weit in die Erde ein, dass die obere Kante des Bechers mit der Erdoberfläche abschließt. Nach ca. zwei Stunden schauen sie nach, welche kleinen Wiesenbewohner in den Becher gefallen sind.

Einzeln setzen sie diese vorsichtig in eine Lupendose und betrachten sie in Ruhe. Dann wird ihnen wieder die Freiheit geschenkt.

TIPP: Diese Tierfänge zur Beobachtung sind noch lohnender, wenn der Becher erst am darauf folgenden Morgen entleert wird, da dann auch einige kleine, nachtaktive Wiesenbewohner darin aufzufinden sind.

Die wandelbare Wiese

Material: Mal- und Schreibutensilien
Alter: ab 8 Jahren

Viele Blüten öffnen und schließen sich nach festen Zeiten (je nach Tageslänge und Höhenregion) auf Grund einer inneren Uhr. Einige Blüten öffnen sich wiederum nur bei Sonnenschein und mit Sonnenaufgang.

Große Gruppen teilen sich in Kleingruppen (bis 4 Personen) auf.
Um die Veränderungen auf einer blühenden Wiese im Tagesverlauf erkennen zu können, sucht sich jede Kleingruppe oder Einzelperson ein mit verschiedenen Blüten besetztes Wiesenstück von ca. 1 m², das z. B. durch einen Rahmen aus Ästen markiert wird.

In bestimmten Zeitabständen (alle 1 – 2 Stunden) wird das Gebiet betrachtet und gemalt.
Die erste Beobachtung sollte vor Sonnenaufgang erfolgen. Die Uhrzeit des Sonnenaufgangs muss vermerkt werden.
Beim Auswerten der Beobachtungen und gemalten Bilder erzählen die TeilnehmerInnen sich ihre Empfindungen und Eindrücke.

TIPP: Diese Wiesenfühlung eignet sich besonders als Projekt für Grundschule oder Ferienfreizeit, weil man die Gruppe dann über einen ganzen Tag (oder besser über zwei) immer wieder für die Beobachtungszeitpunkte zusammen holen und zum Ort der Beobachtung führen kann.

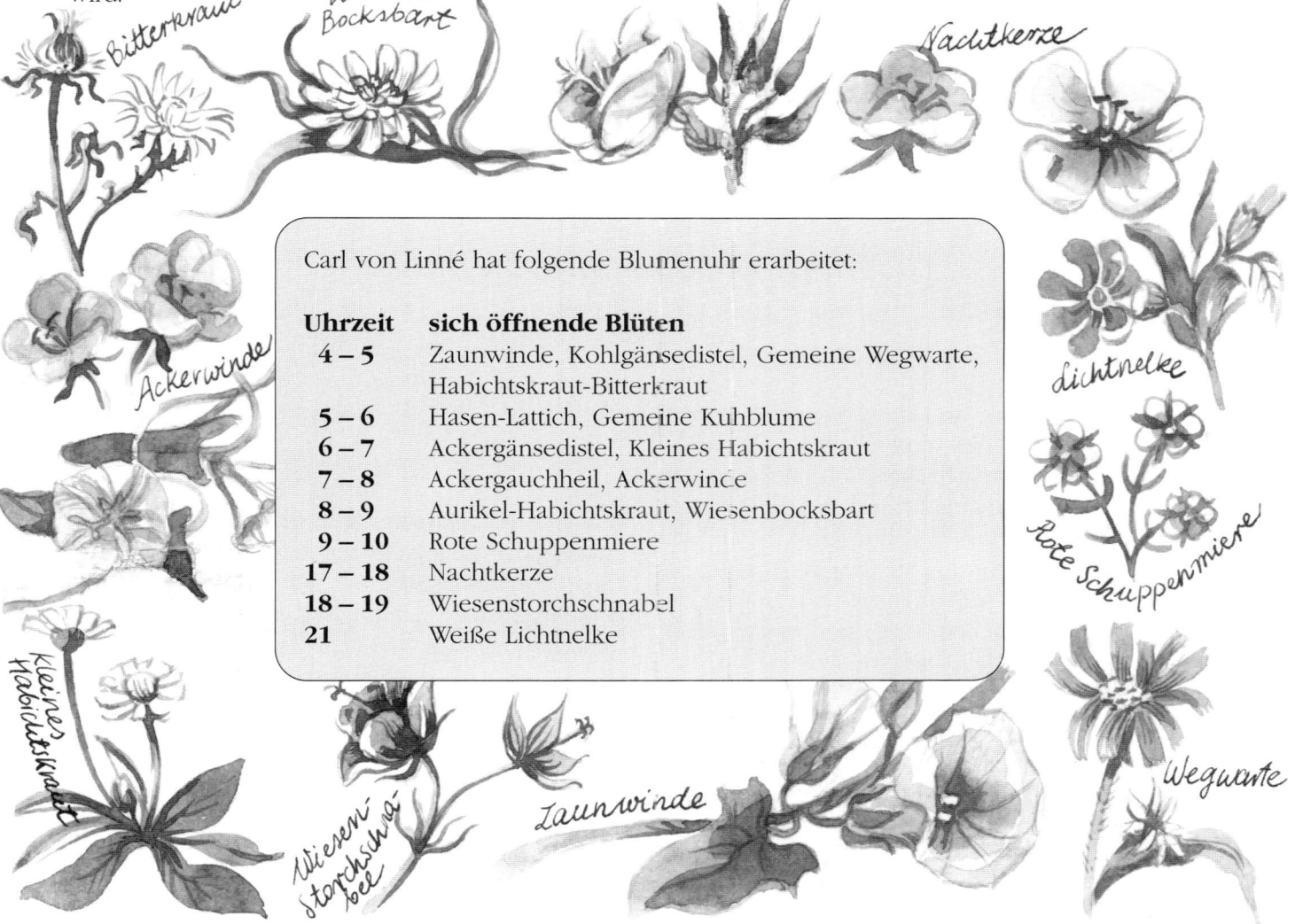

Carl von Linné hat folgende Blumenuhr erarbeitet:

Uhrzeit	sich öffnende Blüten
4 – 5	Zaunwinde, Kohlgänsedistel, Gemeine Wegwarte, Habichtskraut-Bitterkraut
5 – 6	Hasen-Lattich, Gemeine Kuhblume
6 – 7	Ackergänsedistel, Kleines Habichtskraut
7 – 8	Ackergauchheil, Ackerwinde
8 – 9	Aurikel-Habichtskraut, Wiesenbocksbart
9 – 10	Rote Schuppenmiere
17 – 18	Nachtkerze
18 – 19	Wiesenstorchschnabel
21	Weiße Lichtnelke

Versteckspiel der Wiesenbewohner

Material: Zapfen, Moos, dünner Draht, Bindfaden, Klebstoff, Wollreste, Lupen
Anzahl: ab 6 SpielerInnen
Alter: ab 7 Jahren

Die verschiedenen, kleinen Wiesenbewohner sind oft gut in Form oder Färbung an ihre Umgebung angepasst, sodass sie von ihren zahlreichen Fressfeinden nicht so schnell entdeckt werden. So sind Grashüpfer wie die Pflanzen gefärbt, auf denen sie sitzen, und die zusammengeklappten Flügel des Zitronenfalters sehen wie ein welkes Blatt aus.

Es werden zwei Gruppen gebildet, die sich jeweils eine ca. 10 x 10 m große Beobachtungsfläche abstecken (z. B. mit Jacken oder Rucksäcken begrenzt). Günstig ist, wenn beide Spielflächen voneinander verschiedene charakteristische Merkmale aufweisen.
Die SpielerInnen bekommen die Aufgabe, zunächst die Wiesenbewohner ihres Abschnittes genau zu betrachten. Dabei untersuchen sie langsam, leise und vorsichtig Blattflächen, Pflanzenstängel, Blüten, die Bodenoberfläche, Wasseransammlungen oder auch Bodenlöcher, eventuell sogar mit Lupe.
Nach fünf Minuten basteln die TeilnehmerInnen selbst Wiesenbewohner. Diese mindestens 10 cm langen Tiere sollen später durch ihr Aussehen gut getarnt sein. Für die Gestaltung können die oben genannten Materialien und auch Naturmaterial aus der Beobachtungsfläche (Holzstücke, Früchte, Grashalme...) genutzt werden. Zum Basteln sollten die SpielerInnen mindestens 15 Minuten Zeit haben. Dabei dürfen sie sich gegenseitig beraten und helfen. Sie denken sich noch einen Namen für ihr Tier aus und überlegen, was für einen Wiesenbewohner sie gebastelt haben.
Nach der Bastelzeit werden die Tiere in „ihrem Lebensraum" untergebracht. Sie sollen gut getarnt sein, dürfen aber nicht zugedeckt werden.

Nun haben zwei VertreterInnen der jeweils anderen Gruppe 1 Minute Zeit, die neuen Wiesenbewohner zu finden und zur Spielleitung zu bringen. Dabei müssen sie sehr behutsam sein, um nicht auf ein gut getarntes Tier zu treten.
Nicht gefundene „Tiere" werden zunächst gemeinsam gesucht und schließlich vom „Hersteller" gezeigt.
In einer gemeinsamen Runde werden alle Tiere vorgestellt und alle TeilnehmerInnen überlegen, warum bestimmte Tiere gleich und manche gar nicht entdeckt wurden.

Leuchtsignale

Material: Taschenlampen, dunkle Kleidung, Marmeladengläser oder Lupendosen
Anzahl: ab 4 SpielerInnen
Alter: ab 8 Jahren

Die Männchen des Kleinen Leuchtkäfers, bekannter als Glühwürmchen, senden beim Fliegen im Juni artspezifische rhythmische Leuchtzeichen aus, die die 1-2 cm großen, wurmähnlichen Weibchen innerhalb von 21 Sekunden von Grashalmspitzen aus mit entsprechenden Blinkzeichen beantworten. Das tun sie, um Partner für die Hochzeit zu finden. Die Käfer selbst fressen nichts und müssen bald nach der Eiablage sterben. Die ebenfalls leuchtenden Larven leben von Schnecken. Sie sind unter Holz und Steinen zu finden.

Gibt es auf der Wiese Leuchtkäfer, so pirscht sich eine kleine Gruppe an die Leuchtpunkte heran. Erst im letzten Moment wird die Taschenlampe angemacht und der Käfer mit einem Glas gefangen. Wie sehen die Käfer aus? Wie groß sind sie? Was tun sie gerade? Senden sie Leuchtsignale? Unterscheiden sich die Männchen von den Weibchen? Was passiert bei zwei Käfern in einem Glas?
Nach der Beobachtung lassen alle ihre Käfer wieder frei.

Suchspiel für die Dämmerung oder als Abschluss einer Nachtwanderung

Es werden zwei Gruppengebildet: männliche und weibliche Glühwürmchen. Die weiblichen Glühwürmchen suchen sich in Sichtkontaktweite zur Taschenlampe der Spielleitung einzeln Verstecke. Haben sie ein Versteck gefunden, so geben sie gelegentlich kurze Leuchtsignale mit ihren Taschenlampen.

Nun gehen die männlichen Glühwürmchen los, um die Weibchen zu suchen. Hat ein Männchen ein Weibchen gefunden, so dürfen beide gemeinsam zum Sammelplatz.

Wettervorhersage

Material: Karteikarten, Stift, Bestimmungsbuch
Anzahl: ab 4 SpielerInnen
Alter: ab 8 Jahren

Wie wird wohl das Wetter werden? Wettervorhersage ist sicher für die meisten Menschen schwierig, ohne den Wetterbericht zu kennen. Aber mithilfe verschiedener Hinweise von Lebewesen in der Natur lässt sich doch eine Wettervorhersage wagen.

Vorbereitung:

Zunächst werden von der Spielleitung Karten mit Bauern- und Wetterregeln (Beispiele S. 28) für Wetterwechsel angefertigt. Dabei werden die Regeln entsprechend den Bedingungen vor Ort (Zeitpunkt der Wiesenfühlung früh oder abends, vorhandene Blumen bzw. ihre Blütezeit) ausgewählt und evtl. auch mehrfach vergeben.

Beobachtung:

Alle SpielerInnen erhalten je eine Karte. Damit gehen sie auf die Wiese und prüfen den auf der Karteikarte beschriebenen Sachverhalt.

In der gemeinsamen Runde danach geben nun alle ihre Wetterprognose ab und erklären, warum dieses Wetter vermutlich eintrifft. Die Spielleitung notiert, wie viele SpielerInnen sich für schlechtes bzw. für gutes Wetter entschieden haben.

Am nächsten Tag kann gemeinsam ausgewertet werden, welches Wetter nun wirklich gekommen ist und wer mit seiner Vorhersage richtig gelegen hat.

Nachfolgend eine Auswahl von Wetterregeln

Wenn die Lerche früh singt, gibt es schönes Wetter. Wenn sie vor der Morgendämmerung nicht zu hören ist, wird es schlechtes Wetter geben.

Wenn Schwalben tief fliegen, gibt es schlechtes Wetter, da ihre Nahrung, die Insekten, auf Grund des niedrigen Luftdrucks in Bodennähe fliegen.

Ringelblumen, Ackerkratzdistel, Ackerwinde und Vogelmiere öffnen ihre Blüten nur bei gutem Wetter. Ihre Blütenstände folgen dem Lauf der Sonne. Droht Regen, schließen sie die Blüten.

Sitzt eine Kreuzspinne frühmorgens in der Mitte des Netzes, gibt es gutes Wetter. Bei schlechtem Wetter sitzt sie in der Ecke oder zwischen den Blättern.

Mücken, Bremsen und Gnitzen sind besonders lästig, wenn Regen ansteht.

Wenn viele Grillen am Abend zirpen und viele Glühwürmchen leuchten, wird der nächste Tag heiter und schön.

Wiesenklee zieht vor Regen seine Blättchen zusammen und die Blüten neigen sich.

Wenn trotz blauem Himmel am Morgen die Blüten von Malven, Rosen, Schöllkraut und Gänseblümchen geschlossen sind, wird es Regen geben.

Wenn mit Regen zu rechnen ist, obwohl die Sonne scheint, schließen sich die Blüten von Kuhblume (Löwenzahn) und Hahnenfuß. Sind sie bei bedecktem Himmel geöffnet, wird der Regen uns meiden. Als Pusteblume nimmt die Kuhblume vor Regen die einzelnen Fallschirmchen wie einen Regenschirm zusammen.

Bei feuchtem Wetter kleben Kletten und stechen Ackerkratzdistelköpfe schlechter.

Wenn die Blüten von Robinie, Johannisbeere, Geißblatt und Honigklee besonders intensiv duften und von vielen Insekten angeflogen werden, ist am nächsten Tag mit Regen zu rechnen.

Die weiße Lichtnelke ist ein Nachtblüher und duftet verstärkt nur vor einem Regen, der in 10 - 12 Stunden kommt. Vor heiterem Wetter scheidet sie keinen Nektar aus und duftet so kaum. Öffnet die Blüte am Tag, wird es Regen geben.

Hören

Grillenhochzeit

Material: Tücher zum Augenverbinden
Anzahl: ab 6 SpielerInnen
Alter: ab 6 Jahren

Grillenmännchen zirpen, um Weibchen für die Hochzeit anzulocken. Um das Geräusch zu erzeugen, werden die Vorderflügel aneinander gerieben.

Die Spielleitung steckt eine ca. 5 x 10 m große Spielfläche ab. Das Gelände darf nicht zu uneben sein. Die Gruppe teilt sich.
Eine Hälfte spielt „Grillen-Weibchen", die ihre Augen verbunden bekommen, um die „Grillen-Männchen" über ihr Gehör zu finden.
Die andere Gruppe spielt die „Grillen-Männchen". Sie suchen sich jeweils zwei stabile Hölzer (oder zwei Steine) und verteilen sich auf dem Spielgebiet. Dann reiben (oder klopfen) sie die Hölzer so aneinander, dass ein wahrnehmbares Geräusch entsteht. Das ist ihr Grillenlockruf. Die „blinden" Grillenweibchen suchen nun die „Männchen". Sobald sie eins gefunden haben, hört dieses auf zu spielen. Haben alle einen Grillen-Partner, werden die Rollen getauscht.

Eine Eule jagt Mäuse

Material: Tücher, Schnur
Anzahl: 4 SpielerInnen
Alter: ab 7 Jahren

Eulen sind dämmerungs- und nachtaktive Vögel, die sich vorwiegend von Mäusen ernähren. Auf Grund der Dunkelheit orientieren sich diese Vögel bei ihrer Jagd hauptsächlich mithilfe ihres sehr feinen Gehörs. Wenn eine Maus auf Nahrungssuche geht, raschelt es leise. Das reicht der Eule aus, um ihre Beute anzuvisieren und sich auf sie zu stürzen. Diese Jagdstrategie der Eule dient als Vorlage zu diesem Spiel.

Eine SpielerIn übernimmt die Rolle der Eule. Um sich nur auf das Gehör zu konzentrieren, werden unserer „Eule" die Augen verbunden. Sie hockt sich auf die Wiese und lauscht auf die Bewegung der „Mäuse". Die Mäuse werden jedoch nicht durch die anderen drei MitspielerInnen verkörpert, sondern durch drei Stöcke, an die jeweils ein etwa 2 m langes Stück Schnur gebunden wird. Diese Stöcke werden jetzt nämlich in der Umgebung unserer blinden Eule am Wiesenboden ausgelegt.

Die Mäuse ziehen nacheinander langsam ihre Stöcke an der Schnur Stück für Stück von der Eule weg. Dabei muss es ruhig sein. Die hockende „Eule" fängt durch einen schnellen Sprung die „Maus", die sie zuerst hört. Wenn eine „Maus" gefangen ist, werden die Rollen gewechselt.

Wiesengesänge

Alter: ab 5 Jahren

Wie viele verschiedene Gesänge und Laute sind im Juni auf einer Wiese bei schönem Wetter zu vernehmen? Dies sollen die SpielerInnen untersuchen.

Alle TeilnehmerInnen legen sich vereinzelt auf die Wiese. Die Spielleitung sagt: „Sprecht nicht mehr. Schließt eure Augen. Lauscht den verschiedenen Geräuschen."
Nach ca. 3 Minuten ruft die Spielleitung alle zu einem Kreis zusammen.
Die TeilnehmerInnen benennen die Geräusche (Grillen, Heuschrecken, Fliegen, Bienen, Vögel, Frösche, Wind, Traktor, etc.). Sie können aber auch von ihren Gefühlen oder von den Geschichten berichten, die sie mit den Geräuschen in Verbindung gebracht haben.

Riechen und Schmecken

Heilende Tees aus „Unkraut"

Material: vorbereitete Karteikarten, kochend heißes Wasser, Tassen, Teelöffel
Anzahl: ab 4 SpielerInnen
Alter: ab 8 Jahren

Zunächst müssen von der Spielleitung kleine Karteikarten vorbereitet werden, auf denen sich jeweils der Name der Teepflanze, ein Foto oder Bild von ihr und eine Beschreibung ihrer heilenden Wirkung befinden. Für die Wiesenfühlung werden die Karteikarten der auf dem ausgewählten Gebiet z. Z. vorkommenden Heilpflanzen mitgenommen.

Alle TeilnehmerInnen dürfen eine Karteikarte ziehen. Bei mehr als sechs TeilnehmerInnen werden kleine Gruppen gebildet.

Jede Person/Gruppe sucht nun die Pflanzen seiner Karteikarte auf der Wiese und bringt sie mit. In einem gemeinsamen Kreis stellt jede Person/Gruppe ihre Pflanze und deren Wirkung vor. Dabei wird das Heilkraut herumgereicht und alle können es anschauen und riechen.

Nun wird von den gesammelten Pflanzen jeweils eine Tasse Tee gekocht, um die gelösten ätherischen Öle zu riechen und zu kosten.

Beispiel (Im Juni und Juli zu sammeln):

Pflanzenart	wirksamer Teil	Wirkung
Brennnessel	Junges Kraut	Entschlackung, gegen Frühjahrsmüdigkeit
Gänsefingerkraut	Kraut	bei Darmkatarrh u. Menstruationsbeschwerden
Huflattich/ Spitzwegerich	Blätter	gegen Husten
Johanniskraut	Blüten	gegen traurige Gemütsverfassung (Depression)
Kamille	Blüten	bei Magenerkrankungen, Blähungen u. Sodbrennen
Löwenzahn	Wurzeln bei	Blasen- und Nierenproblemen
Malve Blüten,	Blätter	bei Erkrankungen der Atemwege u. von Magen-Darm
Odermenning	Kraut	gegen Blasenentzündung
Schafgarbe	blühen. Kraut	bei Appetitlosigkeit u. häufigem Nasenbluten
Vogelknöterich	Kraut	gegen Blasen- u. Nierenerkrankungen, bei Rheuma
Weiße Taubnessel	Blüten	gegen nervöse Schlaflosigkeit u. Blutarmut

Fühlen

Wer lacht zuerst

Anzahl: ab 2 SpielerInnen
Alter: ab 3 Jahren

Alle SpielerInnen rupfen sich einen zarten Grashalm ab. Sie bilden Paare und setzen sich gegenüber auf die Wiese. Nun versuchen sie jeweils den anderen durch Kitzeln des Gesichtes mit dem Grashalm zum Lachen zu bringen.
Der Grashalm wird dazu mit dem Mund festgehalten und die Hände sind auf dem Rücken. Ganz kleine Kinder dürfen den Grashalm auch mit einer Hand festhalten.
Wer zuerst lacht oder wem der Grashalm aus dem Mund fällt, hat verloren.

Fühle das Kraut

Material: Tücher
Anzahl: ab 2 SpielerInnen
Alter: ab 7 Jahren, Variante ab 3 Jahren

Die Gruppe bildet Paare. Dem einen Spieler werden die Augen verbunden. Der andere sucht auf der Wiese eine Pflanze mit charakteristischen Merkmalen (Blütenform, Behaarung, Feuchtigkeit etc.) und bringt sie seinem „blinden" Partner. Dieser befühlt die mitgebrachte Pflanze, riecht daran und prägt sich die charakteristischen Merkmale ein.
Die Pflanze wird verdeckt. Der „Blinde" darf die Augenbinde abnehmen und muss nun einen Vertreter der befühlten Pflanzenart auf der Wiese finden.

Variante: Die befühlte Pflanze wird nicht in der Umgebung gesucht, sondern unter 4 - 5 verschiedenen Pflanzen durch Befühlen gefunden. Dazu werden die gesammelten Pflanzen auf eine gemeinsame Unterlage gelegt, bevor die Augenbinden abgenommen werden. Oder es werden andere Pflanzen aus der Umgebung dazugelegt. Der Schwierigkeitsgrad, der aus der Ähnlichkeit der Pflanzen erwächst, kann je nach Alter der SpielerInnen variiert werden.

Andere Aktivitäten

Wiesenmahd

Material: 3 m langes, kräftiges Seil
Anzahl: ab 5 SpielerInnen
Alter: ab 5 Jahren

Mitte oder Ende Mai wird die erste Wiesenmahd vorgenommen. Auf kleinen Wiesen lässt sich das Gras ganz gut auch mit einer Sense mähen. Das ist leiser und ökologisch unbedenklicher als die Mahd mit Strom oder mit Benzin angetriebenem Rasenmäher. Bei der Sensenmahd sieht man die Heuschrecken über die Sense springen, andere Insekten lassen sich von den Pflanzen auf den Boden fallen.

In unserem Spiel verwenden wir logischerweise keine Sense. Dieses Gerät wird durch ein Seil simuliert, das die Spielleitung im Kreis um sich herum mal höher, mal tiefer über dem Wiesenboden schwingt.
Die SpielerInnen stellen sich im Kreis (Durchmesser 3 bis 4 Meter) auf und spielen die Insekten. Sie lassen sich beim Nähern der „Sense" zuerst zu Boden fallen, sodass sie nicht von der „Sense" getroffen werden, springen dann hoch über die „Sense", dann wieder hinlegen usw.
Wer das nicht schafft und von dem Seil berührt wird, scheidet aus.

Beim Doktor

Material: Stofftaschentuch, Wasser, kleine Schüsseln, Kinderbettlaken, Karteikarten, Stift
Anzahl: ab 6 SpielerInnen
Alter: ab 5 Jahren

Kinder spielen gern den Besuch beim Doktor nach. Dieses Spiel zeigt, wie ihnen bei kleinen gesundheitlichen Problemen mit Wiesenpflanzen geholfen werden kann. Die Pflanzen werden vor der Benutzung in einem echten Krankheitsfall gewaschen.

Die Spielleitung beschreibt Karteikarten mit einer Krankheit. Dabei sollte sie nur solche Krankheiten auswählen, die durch die Pflanzen auf der Wiese vor Ort auch behandelbar sind. Falls nötig können die Krankheiten auch doppelt vergeben werden. Die unten angegebenen Pflanzen beziehen sich auf den Monat Juni.

Die Spielleitung ist der Apotheker, der die helfenden Pflanzen und ihre heilende Wirkung kennt, und legt sich vor dem Spiel einen Vorrat der benötigten Pflanzen an.

Für das Spiel bilden die TeilnehmerInnen zwei Gruppen, eine Gruppe ÄrztInnen und eine Gruppe PatientInnen.

Alle PatientInnen ziehen bei der Spielleitung eine Karteikarte und lesen ihre Krankheit. Jüngeren Kindern liest sie den Namen ihrer Krankheit leise vor.

Mit der Krankheit gehen die PatientInnen zu einem Arzt. Der Arzt geht zum Apotheker, um sich die heilende Medizin zu holen. Der Arzt bekommt vom Apotheker die notwendige Arznei und Informationen, geht zu seinem „Patienten" zurück, um ihn entsprechend der hilfreichen Angaben des Apothekers zu behandeln.

Am Schluss ist Ärztekongress. Alle TeilnehmerInnen setzen sich in einem Kreis hin. Jeder Arzt bringt ein Exemplar seiner Heilpflanze von der Wiese mit, und legt es auf das Bettlaken in die Mitte des Kreises. Nun berichten sie von ihren Heilmethoden und stellen ihre PatientInnen und die Pflanzen vor, die sie für deren Heilung eingesetzt haben.

Anschließend tauschen ÄrztInnen und PatientInnen die Rollen.

Krankheit	Pflanze
Augen geschwollen, z. B. bei Heuschnupfen	Blütenblätter der **Heckenrose** auf die geschlossenen Augen und darauf ein feuchtes Taschentuch legen
Brandwunden (klein)	Blütenblätter der **Heckenrose** auf die Wunde legen
Blasen an den Füßen	**Spitzwegerich**blätter auf die Blase legen, vorbeugend können Beifuß- oder Breitwegerichblätter in die Strümpfe gelegt werden
Fieber	große **Ampfer**blätter um die Waden wickeln
Hautabschürfung	**Gänseblümchen**blätter zerreiben und auf die Wunde legen
Insektenstiche, an Brennnessel verbrannt	**Spitzwegerich**blätter zerreiben und den Saft auf den Stich bzw. auf die Quaddeln verreiben
Kopfschmerzen	**Huflattich**blätter mit der filzigen Unterseite auf den Kopf legen
Nasenbluten	**Weide**rinde in die blutende Nase stopfen
Pickel, Akne	**Spitzwegerich**blätter oder **Labkraut** zerreiben und Saft auf den Pickel geben
Prellung, Bluterguss	**Beinwellwurzel** zerquetschen und den Brei auf die Prellung verteilen
Schnittwunde Sonnenbrand	**Schafgarben**blätter auf die Wunde legen
Übelkeit Frische	**Ampfer**blätter auf die Rötung legen
Verstauchung	**Engelwurzblätter** (Angelika) zerreiben und riechen Verrenkung,
Warzen	**Beinwellwurzel** zerquetschen, den Brei auf die Verletzung geben
	Mit dem gelben Milchsaft des giftigen **Schöllkrautes** frisch betupfen (täglich, mind. 2 Wochen lang wiederholen) Vorsicht, betupfte Körperstellen nicht ablecken

Gräserbasteleien

Material: 1: Papier, Farben, Wasser, Lappen
2: Papier, Bilderrahmen mit Glasaufsatz, Schere, durchsichtiges Klebeband
3: Trockenton, Wasser, Handtuch
4: festes Garn, Schere,

Alter: ab 6 Jahren

1: Gemalte Bilder

Mit einem Grasstängel kann wie mit einem Pinsel gemalt oder wie mit einer Feder geschrieben werden. Ein Grashalm wird in Farbe getaucht und auf weißem Papier abgedrückt. So lassen sich Briefe und Glückwunschkarten gestalten.

2: Bilder hinter Glas

An trockenen Tagen werden filigrane, verschiedenfarbige Gräser und kleine Blüten gesucht und mit einer Schere abgeschnitten. Die Pflanzen werden vorsichtig im Bilderrahmen schön angeordnet und wenn nötig mit Klebeband fixiert. Die Glasscheibe wird daraufgelegt.

3: Tonamulette

Feine Gräser, Blüten und Blätter lassen sich in geformten Trockenton eindrücken. Zuerst die Hände befeuchten und aus dem Trockenton die gewünschte Form (Amulett, Haustürschild, Kerzenständer) herstellen. In das fertig geformte Stück werden die trockenen Pflanzenteile (z. B. Sandstrohblumenblüten) eingedrückt.

4: Webteppich

Für ein Webbild ca. 15 Bänder mit je 1 m Länge zurechtschneiden. Die Bänder in einem Abstand von etwa 3 cm senkrecht zwischen zwei feste, gerade, ca. 60 cm lange Äste festknoten. An diese senkrechten Bänder im Abstand von ca. 10 cm waagerecht, parallel zu den Ästen weitere Bänder festknoten, sodass ein Netz entsteht.
Jetzt kann das Flechten starten. Dazu möglichst viele lange Gräser sammeln und einzeln oder in kleinen Bündeln zwischen den gespannten Fäden flechten. Die Schichten müssen sehr eng aneinander liegen, da sonst nach dem Trocknen der Gräser Löcher im Webbild zurückbleiben. Zur Verschönerung können noch farbige Blüten, die sich zum Trocknen eignen, z. B. Grasnelke, Sandstrohblume und Rainfarn, mit eingeflochten werden. Am Schluss die Ränder gerade schneiden und am oberen Ast zum Aufhängen des Webteppichs eine Kordel anknoten.

Grashalm ziehen

Anzahl: 2 SpielerInnen
Alter: ab 4 Jahren

Das ist ein beliebtes Spiel aus alten Zeiten.

Die Gruppe bildet Paare. Alle SpielerInnen rupfen sich einen stabilen Grashalm ab. Ein Partner je Paar macht eine Schlaufe mit seinem Grashalm und der andere zieht seinen Grashalm hindurch. Auf Drei zieht jeder von ihnen in seine Richtung. Wessen Grashalm zuerst kaputtgeht oder wer zuerst loslässt, hat verloren.

Im Heuhaufen versteckt

Anzahl: ab 2 SpielerInnen
Alter: ab 5 Jahren

Das Spiel lässt sich mit dem Einverständnis des Wieseneigentümers gut ein paar Tage nach einer Mahd durchführen.

Die Gruppe bildet zwei Teams. Etwa 10 m vom Start entfernt werden zwei kleine Heuhaufen aufgeschichtet, in denen die Spielleitung jeweils die gleiche Anzahl von verschiedenen, stabilen Naturmaterialien versteckt, z. B. Kastanien, Zapfen, Borkenstücke, Steine, Äste, Nadelzweige oder auch andere Dinge (Apfel, Bananen, kleiner Ball). Nun verkündet die Spielleitung den ersten SpielerInnen den zu suchenden Gegenstand, z. B. Kastanie.

Daraufhin rennen die beiden ersten SpielerInnen jedes Teams los, um im Heuhaufen den Gegenstand zu suchen. Inzwischen beschreibt die Spielleitung den nachfolgenden SpielerInnen schon den nächsten zu suchenden Gegenstand. Sobald ein Spieler mit seinem Gegenstand zurück ist, darf der nächste seines Teams losrennen.

Gewonnen hat die Gruppe, die zuerst alle Gegenstände gefunden hat

Im Herbst lässt sich das Spiel auch mit Laubhaufen durchführen.

Meditative Übung

Wolkenschäfchen

Alter: ab 5 Jahren

Alle TeilnehmerInnen legen sich vereinzelt auf die Wiese mit dem Blick in Richtung Wolken und schließen die Augen. Wenn genug Heu vorhanden ist, können sie sich vorher noch ein Bett bauen. Alle schweigen. Nur die Spielleitung spricht leise und langsam folgende Worte, wofür sie sich viel Zeit nehmen sollte:

„Lasst alle Muskeln locker und spürt den Boden unter euch. Fühlt, ob er warm oder kalt, weich oder hart ist. (Pause)
Versucht, an gar nichts mehr zu denken. Atmet tief durch. Hört euren Atem. (Pause)
Genießt die verschiedenen Gerüche. (Pause)
Stellt euch jetzt vor, woher diese Gerüche stammen könnten. (längere Pause)
Konzentriert euch auf die Geräusche, die zu hören sind. (Pause)
Stellt euch vor, wer sie erzeugt. (längere Pause)
Fühlt die Schwere eures Körpers und die wärmenden Sonnenstrahlen, die auf ihn treffen. (Pause)
Jetzt öffnet langsam die Augen. Sucht nun am Himmel Haufenwolken. Welche Tiere der Wiese formen die Wolken gerade? Was könnten sie sonst noch darstellen."

Wollt ihr mit den Wolkentieren mitreisen? Stellt euch vor, wohin die Reise gehen könnte.....“
Etwa 3 bis 5 Minuten später fordern Sie die TeilnehmerInnen auf, sich alle wieder langsam aus der Rückenlage aufzusetzen.

Wir erleben Tiere und Pflanzen –
Grillenzirpen und zahlreiche Düfte

Juni

Größere Schwärme von Brachvögeln, Kiebitzen und Jungstaren finden sich zusammen. Weißgesichtige Schleiereulen fliegen in der Dämmerung auf der Jagd nach Mäusen schwankend über die Wiese. Ein Pärchen mit sechs fast flüggen Jungen fängt 40 Mäuse in einer Nacht, das sind fast 3000 pro Brut.

Im hohen Gras sind weiß gefleckte Rehkitze versteckt, die dort auf ihre Mutter warten. Bitte nicht anfassen! Es wäre möglich, dass die Ricke das Kitz auf Grund des menschlichen Geruchs nicht mehr annimmt.

An sonnigen Tagen veranstalten Grillen und Heuschrecken durch ihr „Gezirpe" wahre Konzerte (➤ S. 108). Damit werben die Männchen um die Weibchen. Die Feldgrillen sitzen am Eingang ihres Baus und erzeugen ein gleichmäßiges Zirpgeräusch. Bei der geringsten Störung ziehen sie sich in ihre Erdhöhle zurück. Bei ihrer jetzt stattfindenden Hochzeit bilden Libellenweibchen und -männchen so genannte „Paarungsräder" aus. Glühwürmchen senden sich Signale (siehe Spiel: „Leuchtsignale", S. 26), um ihre Geschlechtspartner zu finden.

Die Gräser sind in voller Blüte (➤ S. 66). Der Schwarze Holunder und auch der Weißdorn tragen noch ihre Blüten. Die duftenden Blüten der Heckenrose öffnen sich (➤ S. 70). Die Blüten von Glockenblumen, Storchschnabel, Johanniskraut, Lichtnelke und Hahnenfuß lassen die Wiese in blau und gelb erstrahlen. Wir entdecken nicht nur die farbigen Blütentupfer, sondern nehmen auch vielfältige Düfte wahr. Die kleinen, gelblichweißen Blüten des Mädesüß verströmen süßen, mandelartigen Geruch. Sie wurden früher als Zusatz zu Met, zu Heilzwecken und die Knolle als Nahrungsmittel verwendet. Die stark duftenden Blüten der Echten Kamille (➤ S. 73) mit ihrem hohlen Blütenboden werden nun zu Heilzwecken gesammelt. Auch der gelbblühende Scharfe Mauerpfeffer, der duftende Sandthymian und die bunte Kronwicke entfalten sich jetzt. Die verschiedensten Schmetterlinge rollen ihre Saugrüssel aus, um an den leckeren Nektar zu kommen.

In der hoch gewachsenen Wiese sind tagsüber zahlreiche Grillen, Heuschrecken, Spinnen, Fliegen, Käfer, Wanzen, Zikaden, Hautflügler, Schlupfwespen, aber auch Singvögel wie Wiesenpieper, Grau- und Goldammer, Braunkehlchen und manchmal auch Brachvogel und Rebhuhn zu finden. Abends und nachts sind Nachtfalter, Schnecken, Fasane, Igel, Rehe, Hasen, Spitzmäuse und zu unserem Leidwesen auch Mücken aktiv.

Juli

Die Gelbe Wiesenameise lebt fast ausschließlich unterirdisch. Sie ernährt sich vom Kot der Wurzelläuse (Honigtau). Die Ameisen hegen die Läuse und nehmen über den Winter die Eier in ihr Nest auf, bis sie die geschlüpften Tiere im Frühling zu geeigneten Wurzeln bringen können. Auch die häufigste heimische Ameisenart, die Schwarze Wegameise, ernährt sich von Honigtau, jedoch stammt dieser von Blattläusen. Die geflügelten Ameisen-Königinnen und ihre Männchen steigen an bestimmten trockenen Abenden zum Hochzeitsflug auf.

Wegwespen erbeuten Spinnen, lähmen sie durch einen Stich, schleppen sie in ihr Nest und belegen sie dort mit einem Ei. Ähnlich tun es Sandwespen, jedoch bevorzugen diese Schlupfwespen Raupen für die Eiablage. Kurzkopfwespen wie die Deutsche Wespe bauen ihre hängenden, aus Holz und Speichel bestehenden Nester in den Boden, oft an

das Ende eines Mäuseganges. Langkopfwespen, z. B. die Sächsische Wespe, bauen ihre Nester nicht in den Boden, sondern immer frei hängend. Wespen füttern ihre Larven mit erbeuteten Insekten. Sie selbst ernähren sich von Nektar, Zucker und Obstsaft. Wir fürchten uns, wenn wir einer Wespe begegnen. Jedoch stechen ausschließlich die weiblichen Tiere und die nur bei Gefahr oder bei schwülem Wetter. Der Stachel lässt sich im Gegensatz zu dem mit Widerhaken besetzten Stachel der Honigbiene gut herausziehen. Auf die Wunde kommt der Saft eines Spitzwegerichblattes oder eine frische Zwiebel.

Igel sind Einzelgänger und suchen nachts Regenwürmer, Schnecken, Käfer, Raupen Früchte, neugeborene Mäuse und Vogeleier. Die bis 5 Jahre alt werdenden Tiere laufen dazu 2 bis 4 km weit. Sie tragen auf ihren 8000 bis 16000 Stacheln bis 500 Flöhe mit sich herum. Unfreiwillig natürlich! Sie leiden unter diesen Parasiten.

An feuchten Tagen sind Schnecken sehr aktiv. Die etwa 15 cm lange Rote Wegschnecke kann auch braun oder schwarz sein. Diese maximal ein Jahr alt werdende Nacktschnecke frisst frische und faule Pflanzenteile, Tierleichen und Kot. Die häufigste bei uns lebende Gehäuseschnecke, die Hainschnirkelschnecke, wird hingegen mehrere Jahre alt. Sie raspelt mit ihrer „zähnebesetzten" Zunge (Radula) saftige Pflanzenteile ab. Von den vier Fühlern sind die oberen, längeren mit Augen und die zwei unteren mit Geruchsorganen besetzt.

Nun entfalten sich auf trockenen Wiesen die zitronengelben, nach Honig duftenden Blüten des Echten Labkrautes, die gelben Blüten des Silberfingerkrautes und die weißen bis rosafarbenen Blüten des Seifenkrautes. Auf frischen Wiesen zeigen sich der gelblichweiß oder violett blühende Beinwell, die Brennnesseln mit ihren grünlichen Blütenständen und verschiedene Doldenblüher. Die stark duftenden Blüten der linkswindenden Ackerwinde öffnen sich früh am Morgen und nur für einen Tag. Die weißblühende Margerite, auch Wiesenwucherblume (*Chrysanthemus*) genannt,

zählt zu den Kompasspflanzen. Ihre Blätter richten sich bei vollem Sonnenlicht genau nach Süden aus.

Die Gemeine Nachtkerze blüht nur für eine Nacht. Zwischen 18 und 19 Uhr erblüht sie mit einem vernehmlichen Knacken innerhalb einer Viertelstunde, also kurz genug zum Zuschauen. Ihr angenehmer Duft lockt Nachtschmetterlinge zur Bestäubung heran. Die Samen dieser im Jahre 1614 aus Nordamerika eingeführten Pflanze enthalten eines der teuersten Samenöle der Welt, das zur Behandlung von hyperaktiven Kindern, bei Neurodermitis, trockener Haut und zur Nagelpflege eingesetzt wird. Die rosafarbenen Wurzeln können als so genannte Schinkenwurzeln wie Schwarzwurzeln zubereitet werden.

August

In der ersten Hälfte des Monats wird der zweite Hochstand der Wiese erreicht. Es entfalten sich auf frischen Wiesen die weißen Blüten der Wilden Möhre, des Wiesenbärenklaus und der Echten Kamille; gelbe Blüten von Rainfarn und Königskerze; blauviolette Blüten von Flockenblume, Vogelwicke und Ackerwitwenblume. Andere Arten blühen zum zweiten Mal, wie der giftige Scharfe Hahnenfuß. In der Regel erfolgt nun der zweite Schnitt. In Mähwiesen halten sich einige rosettenbildende Kräuter wie Sauerampfer, Löwenzahn, Spitzwegerich und Hirtentäschel. Die blumenreichsten Wiesen sind auf trockenen und nährstoffarmen, möglichst kalkreichen Böden zu finden und dort, wo nur ein bis zwei Mal im Jahr gemäht wird. Die auf frischen Wiesen violett blühende Klette bildet nun Früchte aus, die an Kleidung und Fell kleben bleiben. Das natürliche Vorbild für unseren beliebten Klettverschluss eignet sich gut zum Basteln.

In feuchten Gebieten verlassen nun viele kleine Kröten und Frösche nach ihrer Umwandlung aus den Kaulquappen die Gewässer und gehen an Land.

Viele Singvögel und auch Enten sind jetzt in der Mauser. Sie sind daher scheu und der einzige Hinweis auf ihre Existenz sind ein paar einzelne Federn. Die Langstrecken-Zugvögel Neuntöter, Kuckuck und Mauersegler ziehen schon wieder in den Süden. Auf feuchten Wiesen und Mooren sammeln sich große Schwärme von Staren, Schwalben, Enten, Kiebitzen und Watvögeln. Sie haben es besonders auf die Schnakenlarven abgesehen, die nach einem Jahr unterirdischen Lebens nun an die Erdoberfläche kommen. Dort schlüpfen die Schnaken. Sie paaren sich und die Weibchen legen ihre Eier in Graswurzeln ab, in die sie zuvor ein Loch gebohrt haben.

An den Holundersträuchern finden sich viele Insekten fressende Singvögel ein, wie Drosseln, Rotkehlchen und Grasmücken, die ihre Ernährung nun von Insekten auf Früchte umgestellt haben. Aber nicht nur Vögel und Insekten fliegen herum. Fledermäuse versuchen in der Dämmerung mithilfe von Ultraschalltönen Nachtfalter zu schnappen. Einige Nachtfalter können diese Laute hören, erkennen so die Gefahr und lassen sich durch Zusammenklappen der Flügel nach unten fallen.

Braungefärbte Wolfsspinnen tragen einen weißen Kokon mit Eiern und später auch die frisch geschlüpften Jungtiere auf ihren Rücken herum. Sie sind auf sonnenbeschienenen Plätzen gut auszumachen, rennen jedoch bei Erschütterungen schnell weg. Also wird für die Beobachtung dieser Tiere viel Ausdauer und Ruhe benötigt. Am besten, wir legen uns auf die Wiese, warten und staunen. Wem das zu kalt ist, der legt eine Iso-Matte unter.

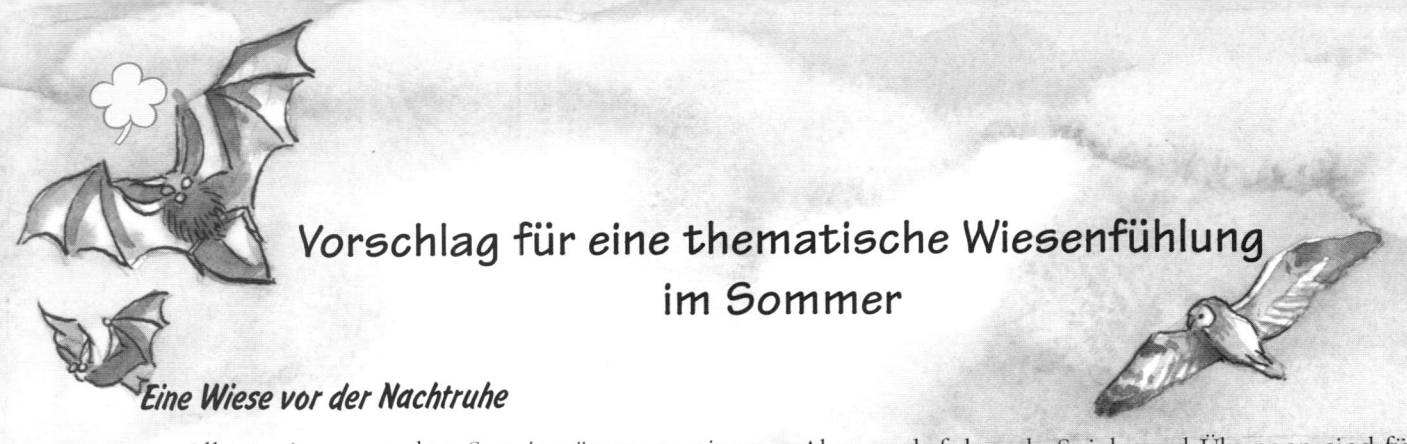

Vorschlag für eine thematische Wiesenfühlung im Sommer

Eine Wiese vor der Nachtruhe

Im Allgemeinen werden Spaziergänge zu einer Wiese am Tage durchgeführt. Dieses vor Leben überquellende Ökosystem ist es aber durchaus wert, auch einmal in der Dämmerung erkundet zu werden. In dieser Zeit sind ganz andere Tiere aktiv (Fledermäuse, Eulen, Mäuse, Käfer, Nachtfalter) als am Tag. Die Blüten der Kräuter schließen sich langsam, einzelne nachtblühende Arten öffnen nun ihre Blüten (➤ Blumenuhr von Linné, S. 25). Wenn die Dämmerungswanderung an einem trockenen und warmen Tag durchgeführt wird, können im Dunkeln vielleicht auch Leuchtkäfer (Glühwürmchen) entdeckt werden. Ist die Gruppe sehr leise und hat etwas Geduld, lassen sich Rehe und Wildschweine beobachten. Diese Tiere begeben sich nun zur Nahrungssuche aus Wald und Busch auch in die offene Landschaft der Wiese.

Der Übergang vom Tag zur Nacht verbreitet eine besondere Stimmung. Diese muss man aber auch wahrnehmen können. Meditative Übungen sind daher auch bei dieser Wiesenfühlung sehr wirkungsvoll. Eine Begrüßung des Mondes, Entdeckung von Stern- oder Wolkenbildern im Mondlicht sollen Ihrer Fantasie als Anregung dienen.

Aber auch folgende Spiele und Übungen sind für Wiesenfühlungen am Abend und in der Nacht geeignet:

○ *Wolkenschäfchen/meditative Übung* (S. 34)
○ *Wettervorhersage* (S. 27)
○ *Wiesengesänge* (S. 29)
○ *Grillenhochzeit* (S. 28)
○ *Was läuft am Boden?* (S. 24)
○ *Eine Eule auf der Jagd* (S. 29)
○ *Leuchtsignale* (S. 26)

Taschenlampen sind hilfreich und dienen der Sicherheit. Sie sind aber nur im Notfall einzusetzen, da sich unsere Augen auch an geringe Helligkeit gewöhnen. Wir sehen dann ohne Taschenlampe mehr als mit Taschenlampe. Außerdem verschrecken wir die Tiere mit dem grellen Kunstlicht. Um jedoch Nachtfalter zum näheren Betrachten anzulocken, wird mit mehreren Taschenlampen ein weißes Betttuch angestrahlt.

Da es im Sommer lange hell bleibt, sollte die Wiesenfühlung je nach Altersstruktur der Gruppe vorzugsweise im August, wenn die Tage wieder kürzer werden, durchgeführt werden. Laue Abende mit Vollmond sind besonders stimmungsvoll, da die Leuchtkraft des Mondes die Wiese in ein angenehmes Licht taucht.

Im Herbst

Die Nächte werden kälter und immer häufiger ist die Wiese am Morgen übersät von Tautropfen, bald auch von Eiskristallen. Die Sonne hat noch viel Kraft, wodurch zahlreiche Blüten ihre Farbenpracht entfalten und wirbellose Tiere noch aktiv bleiben. Langes, graues Gespinst, an Haar erinnernd, fliegt durch die Luft – ein Zeichen des Altweibersommers. Oft versammeln sich die Vögel auf Wiesen in großen Schwärmen. Pflanzen verbreiten ihre Samen und ziehen sich in den Boden zurück. Alles bereitet sich auf den Winter vor.

Die herbstliche Wiese erhält am frühen Morgen durch die zahlreichen perlenbehangenen Spinnfäden einen besonderen Reiz.

Wiesenspiele und -aktivitäten von September bis November

Sehen

Wiesendetektive

Material: Karteikarten, Bleistifte, rotes Geschenkband
Anzahl: ab 3 SpielerInnen
Alter: ab 8 Jahren, Variante ab 6 Jahren

Es spielen 3 – 5 Gruppen oder Einzelpersonen. Jede Gruppe/Person bekommt ein 1,50 m langes Schleifenband. Mit diesem Band rahmen sie ein Wiesenbild ein, das markante Merkmale aufweist,

z. B. bestimmte Blütengruppen, seltene oder auffällige Pflanzen oder Tiere. Das ausgewählte „Wiesenbild" wird schön umschrieben und sein Titel auf einer Karteikarte notiert, z. B. „Drei blühende Klettenpflanzen erheben sich über einem Maulwurfshügel und ranken entlang eines trockenen Astes."

Alle Karteikarten werden bei der Spielleitung abgegeben und vermischt.

Jede Gruppe/Person zieht eine Karte und sucht das dort beschriebene Wiesenbild in der „Wiesengalerie". Falls eine Gruppe/Person die eigene Bildbeschreibung zieht, wird mit einer anderen Gruppe/Person getauscht.

Variante

Kinder ab 6 Jahren beschreiben ihr „Wiesenbild" der Spielleitung, die diese Beschreibung auf eine Karteikarte notiert und später den Kindern vorliest.

Vögel auf Samensuche

Material: Gummibärchen, Weintrauben
Anzahl: ab 2 SpielerInnen
Alter: ab 3 Jahren

Die SpielerInnen sind Samen fressende Vögel (Zeisige, Goldammern, Stieglitze und Hänflinge), die im Herbst auf der Suche nach Nahrung über die Wiesen fliegen. Ihre Nahrung (Weintrauben oder Gummibärchen als Samenersatz), wird von der Spielleitung in einem ca. 10 x 10 m großen Gebiet an verschiedenen Pflanzen befestigt. Sie klemmt sie gut sichtbar hinter lose Rindenstücke, spießt sie an die Dornen verschiedener Sträucher, bindet sie mit etwas Garn an Binsen usw.

Auf ein Startzeichen geht die Futtersuche los. Die Vögel suchen nach der Nahrung und dürfen dabei nur den „Schnabel", also den Mund benutzen. Die Hände bleiben auf dem Rücken.

Wintervorbereitungen des Igels

Anzahl: ab 6 SpielerInnen
Alter: ab 4 Jahren

Igel halten Winterschlaf. Dazu verkriechen sie sich unter dichtes Laub, in Höhlen oder Komposthaufen. Sie bleiben dort von Oktober bis April.

Die SpielerInnen empfinden nun die Arbeit eines Igels nach, der sich auf den Winter vorbereiten muss. Dazu sammeln sie als Igel auf allen Vieren Gräser, Laub und Reisig zu einem Berg zusammen, um sich damit ganz zu bedecken. Mit Moos schaffen sie sich eine gepolsterte Unterlage.

Wenn auf der Wiese nicht viel davon zu finden ist, gibt es nur einen Igel und alle helfen ihm, sich mit dem Material zu bedecken. In diesem Fall wird gewechselt, sodass alle einmal Igel sind.

In kleinen Gruppen können auch Behausungen für andere Tiere gebaut werden. Jede Gruppe sollte in dem Fall ein anderes Material (Laub, Heu, Reisig, Erde) verwenden, um die unterschiedliche Wärmewirkung und Baufähigkeit darzustellen.

Hören

Ein Wiesenkonzert veranstalten

Material: Messer, Filmdosen, Strick, evtl. Lederreste zum Bespannen von hohlen Baumstücken

Anzahl: ab 5 SpielerInnen

Alter: ab 5 Jahren

Finden und Bauen von „Musikinstrumenten"

Auf der Wiese sind verschiedene Materialien zum Musizieren zu finden. Auf einem Grashalmblatt kann gepfiffen werden. Dazu wird das Blatt zwischen den Seitenflächen beider Daumen und den Handballen eingespannt und Luft durch den Schlitz gepustet. Aus einem Wiesenkerbelstängel wird eine Flöte hergestellt. Dazu wird ein dickes, noch saftiges, gerades, 15 cm langes Stängelstück unterhalb des Wachstumsknotens abgeschnitten. Nun wird vorsichtig ein ca. 10 cm langer Schlitz in die Mitte des Stängels geritzt, sodass oben und unten je etwa 2 cm ohne Schlitz verbleiben. Um Töne zu erzeugen, wird in die offene Stängelseite hineingepustet. Verschiedene Töne können erzeugt werden, wenn mehrere auf Wiesenkerbelflöten spielen und dafür verschieden dicke und verschieden lange Stängelstücke ausgewählt werden.

In Filmdosen werden trockene Samen z. B. von Doldenblütlern eingelegt und verschlossen. So entstehen Rasseln. Zwei stabile Hölzer oder zwei kleine Steine können aneinander geschlagen werden. Wenn verschieden lange, armdicke Hölzer, einzeln und der Länge nach sortiert, an einem Weidenzweig aufgehängt werden, können sie mithilfe von zwei festen Stöcken als Xylofon dienen. Aus hohlen Baumstämmen kann man Trommeln bauen, indem man sie mit einem Lederrest überspannt (vorher nass machen) und ihn mit einer kräftigen Schnur festbindet.

Die WiesenmusikantInnen werden je nach ihren Instrumenten in Gruppen eingeteilt. Jede Gruppe übt ihr Musikinstrument zunächst für sich. Ein Wiesenmusikant wird zum Dirigenten ausgewählt, erhält einen Taktstock und darf das Wiesenorchester leiten. Schon geht's los!

Nachtfalter auf der Flucht

Material: verschieden klingende Glöckchen, Tücher

Anzahl: ab 10 SpielerInnen

Alter: ab 4 Jahren

Die kurzen Rufe der Fledermäuse im Ultraschallbereich reflektieren nicht nur an Hindernissen, sondern auch an ihren Beutetieren, den Nachtfaltern.

Eine Person ist eine Fledermaus. Sie bekommt die Augen verbunden und an ein Bein ein tief klingendes Glöckchen angebunden.

Drei weitere SpielerInnen sind Nachtfalter. Ihnen werden ebenfalls die Augen verbunden, aber ihnen werden hoch klingende Glöckchen ans Bein gebunden.

Alle anderen bilden einen ausreichend großen Kreis als Spielfeldbegrenzung um die Fledermaus und die Nachtfalter.

Nun sucht die Fledermaus ihre Beute mittels ihres Gehörs. Die Nachtfalter ihrerseits können die herannahende Fledermaus hören und fliehen.

Riechen und Schmecken

Im Duftmuseum

Anzahl: ab 2 SpielerInnen
Alter: ab 5 Jahren

Die TeilnehmerInnen sammeln auf der Wiese typisch riechende Pflanzen (Schafgarbe, Rainfarn, Ackerwinde, Labkraut, Kamille, Hopfen, Graukresse) und Beeren.
Nach einiger Zeit treffen sich alle in einem Kreis und stellen ihre Pflanzen und deren außergewöhnlichen Duft der Gruppe vor.

Pflanzen am Geschmack erkennen

Material: Wasser, Schüssel, Bestimmungsbuch
Anzahl: ab 2 SpielerInnen
Alter: ab 7 Jahren

Alle TeilnehmerInnen sammeln essbare Pflanzenteile und essbare Früchte. Sie dürfen nur ihnen als essbar bekannte Arten nehmen, da viele Beeren giftig sind.
Ist die Essbarkeit vieler Wiesenpflanzen weitgehend unbekannt, sammelt die Spielleitung 5 – 7 Pflanzen, z. B.

Beeren von: Brombeere, Holunder, Traubenkirsche, Hagebutte, Mehlbeere;
junge Blätter von: Schafgarbe, Knoblauchsrauke, Wegerich, Gänseblümchen, Löwenzahn. Graukresse

Die Pflanzen und Früchte werden abgewaschen. Es werden Paare gebildet und einem Partner die Augen verbunden. Der andere gibt seinem „blinden" Partner eine Frucht bzw. ein Blatt einer ausgewählten Pflanze zum Kosten. Dieser nimmt nach dem Probieren die Augenbinde ab und sucht die gekostete Pflanze oder Frucht wiederum durch Kosten aus allen ausgewählten Pflanzen heraus. Anschließend wechseln die Partner die Rolle.

Fühlen

Herbstentdeckungen

Material: Karteikarten, Stift
Anzahl: ab 2 SpielerInnen
Alter: ab 8 Jahren

Die Spielleitung fertigt zunächst Karteikarten mit kleinen Aufträgen an.
So z. B. steht darauf: Suche 3 Pflanzen, die wehtun können, 3 klebrige Pflanzenteile, 3 dreiblättrige Pflanzen oder 3 leichte Segler der Lüfte!
Die SpielerInnen ziehen je eine Karteikarte und versuchen den Auftrag zu erfüllen. Nach einer bestimmten Zeit kommen alle zusammen und präsentieren den Erfolg ihrer Bemühungen.
Zu dem oben genannten Beispiel z. B.

○ als schmerzende Pflanzen: Brennnessel, Karde, Distel, Rose, Schlehe;
○ als klebrige Pflanzenteile: Samen von Labkraut, Klette, Dreizahn, Wegerich, Nelkenwurz, Wilde Möhre;
○ als dreiblättrige Pflanze: verschiedene Kleearten
○ als Segler der Lüfte: die Samen von Bocksbart, Weidenröschen, Wiesen-Pippau.

Mit dem Gesicht fühlen

Anzahl: ab 2 SpielerInnen
Alter: ab 5 Jahren

Bei diesem Spiel geht es darum, mit der Gesichtshaut bestimmte Gegenstände zu erfühlen. Bitte unbedingt ausdrücklich darauf hinweisen, dass dafür keine verletzenden Materialien (z. B. Distel, Brennnessel) genommen werden dürfen!

Die Gruppe bildet Paare, die zusammen auf der Wiese 4 bis 6 möglichst verschiedenartige Naturmaterialien (Moos, Vogelfedern, Grashalme, glatte Steine, Klettenfrüchte, Hagebutten, Waldrebensamen, Weidenblätter oder -knospen etc.) sammeln.

Dann schließt ein Partner die Augen oder lässt sie sich verbinden. Der andere streicht nun vorsichtig mit den gesammelten Gegenständen nacheinander über die Wangen des „Blinden" und lässt die

Materialien fühlend wieder erkennen. Als Hilfe dürfen die Gegenstände auch auf die flache Hand gelegt werden. Auf Gewicht, Formbeschaffenheit (rund, eckig), Größe, Temperatur (kalt, warm) und Oberflächenstruktur (rau, glatt) achten! Wer kann sagen, um was es sich handelt? Dann tauschen die PartnerInnen, sodass alle dazu kommen, die Naturmaterialien erfühlen zu können.

Fühlpfad

Material: undurchsichtige Tüten, Tücher
Anzahl: ab 4 SpielerInnen
Alter: ab 4 Jahren

Die TeilnehmerInnen oder Kleingruppen (bei vielen TeilnehmerInnen) sammeln jeweils reichlich Naturmaterialien einer Art (Blätter, Zapfen, Steine, Sand, Kastanien, Heu, Rinde etc.) und Stöcke in eine Tüte und übergeben diese der Spielleitung. Die Spielleitung baut einen Weg mit den gesammelten Naturmaterialien, die nacheinander hingelegt und mit Stöcken als Begrenzung der Felder eingesäumt werden. An Stelle eines Weges ist auch ein Kreis möglich.

Die TeilnehmerInnen ziehen sich nun Schuhe und Strümpfe aus und verbinden sich die Augen. Sie bekommen zu Beginn jeweils noch ein Naturmaterial von der Spielleitung mit und machen sich nacheinander damit auf den Weg über den gesamten Fühlpfad (geführt von der Spielleitung). Auf dem Rückweg bleiben sie jeweils neben dem Feld stehen, dessen Material sie in der Hand halten. Am Ende nehmen alle die Augenbinden ab und schauen, ob sie auch richtig stehen.

Andere Aktivitäten

Klettenspielereien

Material: 1 kleine (Woll-)Decke, Edding, evtl. Pappe
Anzahl: ab 2 SpielerInnen
Alter: ab 4 Jahren

Kletten-Dart:
Eine kleine Decke wird mit Zielringen bemalt und in die Astgabeln eines Baumes, eines Strauches oder zwischen zwei Sträuchern aufgehängt. Alle sammeln jeweils fünf Kletten. Je nach Alter und Wurfkraft stellen sich die SpielerInnen ca. 1 bis 4 m von der Decke entfernt auf und werfen auf das Ziel.

Klettenbasteleien:
Da Kletten gut aneinander kleben bleiben, können verschiedene Figuren gebastelt werden, z. B. ein Klettenmännchen, ein Igel, eine Sonne, eine Kette und vieles mehr. Als Unterlage eignet sich ein Stück Pappe.

Von der Natur lernen

Material: Lupe, Tuch
Alter: ab 7 Jahren

Die Spielleitung stellt den TeilnehmerInnen fünf Pflanzen der Wiese vor, die verschiedene Verbreitungsstrategien aufweisen. Diese werden dann von allen gesucht und betrachtet.
Nun werden die Pflanzen unter ein Tuch gelegt. Nach der Reihe nehmen sie eine Pflanze unter dem Tuch hervor und haben 10 Sekunden Zeit, einen Gegenstand zu nennen, bei dem der Mensch von dieser Pflanze gelernt hat.
Wird eine Anwendung genannt, darf die Pflanze behalten und eine neue Pflanze unter dem Tuch hervorgenommen werden. Wird keine genannt, kommt die Pflanze wieder unter das Tuch und der Nächste ist dran.

Beispiele für Anwendungen sind:

Verbreitung durch	Pflanzenbeispiel	Anwendung durch den Menschen / Nutzung
Tierkörper (am Fell anhaftend)	Klette, Wegerich, Dreizahn	Klettverschluss Kleber
Wind	Herbstlöwenzahn Lindensamen, Hängebirke	Anker, Harpune, Kleiderhaken Fallschirm Hubschrauber Segelflugzeug
Tiere (Nahrung)	Brombeeren	Kompott
Selbstverbreitung	Reiherstorchschnabel sprengt Früchte weg	Schleudersitz
Wasser (mit Luft gefüllte Samen)	Erlenfrüchte	Boot mit luftgefüllten Zwischenräumen zum Auftrieb

Allerlei mit Stroh

Material: frische Strohhalme, evtl. Taschenmesser
Anzahl: ab 2 SpielerInnen
Alter: ab 5 Jahren

Strohwindmühle:

Ein frischer Strohhalm wird zweimal geknickt.
In den Stängel wird unterhalb der zweiten Knickstelle mit dem Daumennagel oder einem Taschenmesser ein kleines Loch gemacht, durch welches das obere Ende des Strohhalms hindurch gesteckt wird.
Auf das aus dem Schlitz ragende Ende wird etwas kürzerer und dickerer Strohhalm gesteckt und viermal eingeschnitten. Dieses sind nun die Windmühlenflügel, die nach außen gebogen werden. Nun kann gepustet werden.

„Das Blatt am Halm"

Alle TeilnehmerInnen suchen sich einen durchgängig hohlen Strohhalm und setzen sich zu einem Kreis zusammen. Nun saugt die Spielleitung mit dem Halm ein Blatt an und gibt es an den Nachbarn weiter. Der Nachbar nimmt es durch Ansaugen an und gibt es weiter. So wandert das Blatt im Kreis, ohne dass die Hände zu Hilfe genommen werden. Das Blatt sollte nicht herunterfallen. Wenn es passiert, wird es erneut angesaugt. Falls kein Strohhalm vorhanden ist, können auch Trinkhalme genommen werden.

Samenbilder

Material: Holzbilderrahmen, Bleistift,
Alleskleber, heller Karton
Alter: ab 5 Jahren

Im Herbst entwickeln viele Pflanzen ihre Samenstände. Mit den verschieden farbigen und verschieden großen Samenkörnern lassen sich Bilder anfertigen.

Zunächst werden die verschiedensten Samen (Apfelkörner, Grashalme, Samen von Doldenblühern, Wegerich, Malven, Nelkenwurz, Klette u. a.) oder auch Blüten (Rainfarn) und Früchte (Hagebutten) gesammelt. Damit das Bild längere Zeit haltbar ist, müssen die Samen an einem trockenen, sonnigen Tag gesammelt werden.
Der helle Karton wird auf die Größe des Bilderrahmenglases zurechtgeschnitten. Dann werden die Umrisse des gewünschten Motivs aufgemalt.
Die einzelnen Motivflächen werden nach und nach mit Kleber bestrichen und die Körner werden daraufgestreut und angedrückt. Nicht haftende Körner werden abgeschüttelt.
Beim Bekleben muss man den Bildaufbau beachten: immer zuerst die Samen für den Hintergrund festkleben und später erst den Vordergrund auftragen.
Je vielfältiger die Auswahl an Gräsern und Samen, umso schöner werden die fertigen Bilder sein.

Ein Beispiel für das Bild eines Hasen:
Hintergrund mit Gräsersamen, Hase mit Kümmel, Nase des Hasen aus 1 Klette, Grashalme für Schnurrhaare und Schwanz, 2 Getreideähren als Ohren, Augen aus 2 Malvensamen.

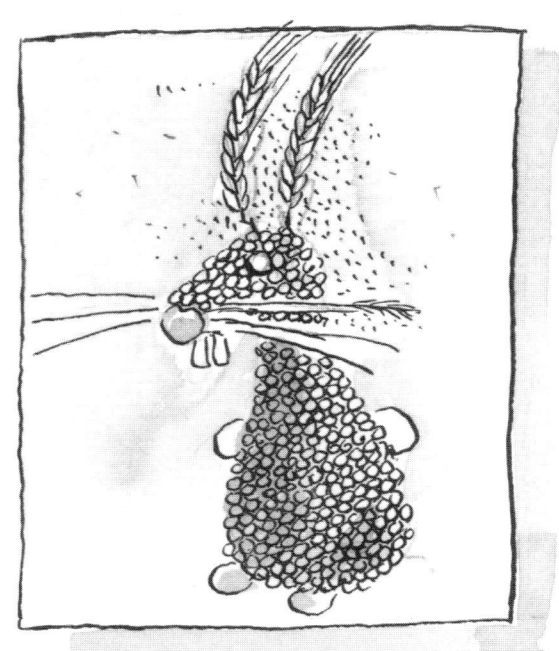

Meditative Übungen

Aus dem Leben einer Spinne

Alter: ab 6 Jahren

Alle setzen sich in einen Kreis. Die Spielleitung beginnt und erzählt eine kurze Geschichte, was sie als kleine Spinne, die jetzt im Altweibersommer an einem Faden übers Land geweht wird, alles erlebt. Dann darf der/die Nächste eine erfundene Geschichte aus seinem Leben als Spinne erzählen.

Eine Pusteblume wird verweht

Alter: ab 5 Jahren

Bei der Samenreife vieler Korbblüher (Löwenzahn, Wiesenpippau, Bocksbart...) entwickeln sich Samen mit einem aus den Kelchblättern umgewandelten Haarkranz (Pappus), die wie Fallschirme vom Wind durch die Luft getragen werden.

Alle Kinder hocken sich eng zusammen in einem Kreis hin. Die Spielleitung spricht den Text und die Kinder folgen den im Text genannten Bewegungen:

„Ihr seid die Samen einer Blüte des Herbstlöwenzahns. Hebt eure Arme und lasst euch vom Wind hin ... und her wiegen. Hin ... und her ...
Die Sonne wärmt und trocknet euch Fallschirmchen. Ihr werdet immer leichter und leichter. (Pause)
Endlich ist es so weit. Der Wind pustet die ersten äußeren Samen-Fallschirmchen von der Blüte. Steht jetzt auf, um im Wind zu tanzen. Dreht euch langsam wie ein Karussell um euch selbst. Hebt und senkt eure ausgebreiteten Arme...
Dabei bewegt ihr euch ein wenig auf der Wiese umher. Der Wind wird heftiger und alle Samen werden verweht. Ihr habt euch aus dem Blütenboden gelöst. (Pause)
Der Wind lässt ein wenig nach. Nun kommen die ersten Samen zur Ruhe und sinken langsam zu Boden. Immer mehr Samen finden einen schönen Platz zum späteren Wachsen. Alle Samen liegen jetzt am Boden. (Pause)
Bleibt liegen, macht es euch ganz bequem und schließt die Augen. Ruht euch nun etwas aus! (Pause)
Fühlt den Boden unter euch, spürt, wie eure Wurzelfädchen ganz langsam in den Boden hineinwachsen. Die wärmende Sonne gibt euch Kraft zum Wachsen!" (3 Minuten)

Wir erleben Tiere und Pflanzen –
Fliegende Spinnen und Samen

September

Am Himmel erscheinen erste Formationen von Wildgänsen und Kranichen, die auf ihrem Herbstflug sind. Bestimmte Arten sind schon an ihren Rufen zu erkennen, z. B. die Trompetenrufe der Kraniche und die Rufe der Graugänse mit „ank ank". Andere Vögel verschwinden unbemerkt in Richtung Süden, z. B. Gartengrasmücken, Grauschnäpper und Neuntöter. Nicht nur Vögel suchen ein Winterquartier auf. Auch manche Schmetterlingsarten wie der Admiral und der Distelfalter fliegen nun zum Mittelmeer, um den Winter dort zu verbringen. Viele überleben den gefahrvollen Überflug über die Alpen jedoch nicht.

Kreuzspinnen sind sehr sesshaft und verbringen oft ihr ganzes Leben im unmittelbaren Bereich einer einzigen Pflanze in einem Radnetz. Zum Spinnen eines ca. 18 Zentimeter großen Netzes brauchen sie einen 18 Meter langen Faden und 40 Minuten Zeit. Aus ihren Eiern schlüpfen 1 mm lange Jungtiere, die auf die Spitze der Pflanze klettern und sich an einem Flugfaden über einen „Bungee-Sprung" auf die Reise begeben. Sie und die Jungtiere von Krabben- und Wolfsspinnen schweben an warmen Tagen an ihren Fäden durch die Lüfte und erinnern uns an fliegendes, graues Haar alter Frauen. Typisch für den „Altweibersommer" sind auch mit Spinnnetzen übersäte Wiesen. Baldachinspinnen schütteln Insekten in ihr Netz, die sich in einem darüber gesponnenen Fadengewirr verschlungen haben. Die schwarzgelb gestreifte Zebraspinne erbeutet in ihrem Radnetz viele Heuschrecken. Das 1,5 cm große Weibchen frisst das 0,5 cm große Männchen nach der Paarung auf. Männliche Springspinnen tanzen vor den Weibchen. Sie jagen Insekten, indem sie bis zu 5 cm weit auf deren Rücken springen.

Die verschiedensten Blütenfarben sind noch zu bewundern, z. B. gelb von Rainfarn, Königskerze und Leinkraut; rot von der Klette, Vogelknöterich und Distel; blau von der Wegwarte (aus dieser Pflanze wurden Chicoree und Endivie gezüchtet) und weiß von Schafgarbe (➢ S. 88) und Kamille (➢ S. 73). Die rosafarbenen Blüten der Wegmalve, auch Käsepappel genannt, entwickeln sich zu käserunden Früchten, die im Kinderkaufladenspiel als Käse verkauft werden können. An Königskerzenblättern sind Wanzen, Ohrwürmer, Tausendfüßer und Spinnen zu finden.

In Hecken sind jetzt auf Grund der zahlreichen Früchte, die viele Singvögel anlocken, gute Vogelbeobachtungen möglich. Hagebutten und die Früchte von Eberesche, Rotdorn, Schneeball und Kornelkirsche werden rot, die Holunderbeeren schwarz. Die roten, für den Menschen giftigen Früchte des Pfaffenhütchens sehen aus wie das Barett eines Pfarrers. Dieser nun durch die Blattverfärbung leuchtend rote Strauch wird auch Spindelstrauch genannt, weil aus dem gelblichen, harten Holz früher Spindeln hergestellt worden sind.

Oktober

Nach und nach wird es kälter. Viele Vogelarten verlassen uns (z. B. Schwalbe, Star, Feldlerche, Bachstelze, Wiesenpieper, Singdrossel). Sie fliehen vor der Kälte und dem drohenden Hunger. Auf den feuchten Wiesen suchen Brachvögel, Kiebitze, Finken und Wildgänse nach Nahrung. Stare „zirkeln" nach Würmern und Insekten, d. h. sie stechen mit dem Schnabel in den Boden und öffnen ihn dann. Zu ihnen gesellen sich die ersten Wintergäste, die Saatkrähen und Bergfinken.

Einige Tiere wie der Maulwurf (➤ S. 120) und die Feldmaus (➤ S. 100) legen sich Vorräte aus verschiedenen Wildfrüchten oder Würmern an. Der Hamster trägt bis zu 15 kg Getreide in seinen Backentaschen in bis 2 m tiefe Erdbaue. Mit seinen scharfen Zähnen kann er sich gut gegen Füchse, Greifvögel, Hunde und Katzen, aber auch gegen den Menschen wehren.

Die ersten farbigen Blätter tanzen zu Boden. Im Monat Oktober verfärben sich die meisten Blätter an den Bäumen. Kräftige, weinrote Blätter bilden Wilder Wein, Kirsche, Schneeball, Pfaffenhütchen und Hartriegel. Die Rotfärbung ist am intensivsten bei beständigem Hochdruckwetter, wenn warme, sonnige Tage mit kalten, klaren Nächten wechseln. An heruntergefallenen, reifen Äpfeln auf der Streuobstwiese versammeln sich verschiedene Schmetterlinge, Vögel und Wespen. Rote Heidelibellen bilden mitunter jetzt noch Paarungsräder aus.

Die Samen vieler Kräuter, Gräser und Gehölze werden auf verschiedenste Art verbreitet, um Nachkommenschaft zu ermöglichen. Obwohl schon die ersten Fröste auftreten können, bilden Wegerich, Hirtentäschel, Taubnessel und Efeu noch Blüten aus. Auch in diesem Monat sind noch essbare Kräuter zu finden. Junge Vogelmiere schmeckt wie rohe Maiskölbchen. Die Blätter des gelbblühenden Wiesenbocksbart eignen sich für Salat. Den Stängel mit dem süßen Mark kann man einfach so kauen, die Wurzeln schmecken gekocht wie Schwarzwurzeln, ebenso die Wurzeln von Klette und Nachtkerze.

November

In die von Rehen angeknabberten und deshalb offenen Stängel von hohen Doldenblühern (wie Bärenklau und Engelwurz), großen Disteln, Kletten, Brennnesseln u. a. haben sich Spinnen und Insekten zurückgezogen, um den Winter zu überdauern. Dort können je Stängel 2 bis 3 Tiere als Raupe, Puppe oder Imago von Schmetterlingen, Schwebfliegen, Laufkäfern, Erzwespen, Rüsselkäfern und Spinnen zu finden sein. In alten Vogelnestern, die jetzt nach dem Blattfall gut sichtbar sind, verstecken sich Halmfliegen, Rüsselkäfer, Wanzen und Marienkäfer.

Rabenkrähen, Nebelkrähen und Dohlen dominieren die nun eher artenarme Vogelwelt. Ihre Rufe sind neben leisen Meisenrufen die einzigen Laute an trüben Novembertagen.

Vorschlag für eine thematische Wiesenfühlung im Herbst

Wintervorbereitungen zwischen grauem Altweiberhaar

Fliegende kleine Spinnen (Altweibersommer), emsige Hummeln, die letzten Wiesenblüten und viele Früchte bestimmen das Bild der Wiese.

Die Pflanzen und Tiere der Wiese bereiten sich nun immer intensiver auf die karge Zeit des Winters vor. Wiesenpflanzen haben unterschiedlich geformte und auf verschiedene Verbreitungsmechanismen angepasste Samen ausgebildet. Die Verbreitung der Samen läuft auf Hochtouren. Aber auch die Tiere bereiten sich intensiv auf die kalte Jahreszeit vor. Einige Tiere (z. B. Hummeln, Igel, Hamster) legen sich Futtervorräte an und bauen Nester zum Überwintern. Andere Tiere sammeln sich, um in wärmere Gebiete auszuwandern.

Wir wollen diese herbstliche Wiese mit allen unseren Sinnen entdecken.

Für diese Naturerfahrung können folgende Übungen und Spiele die Wiesenfühlung untermalen:

- ❍ Eine Pusteblume wird verweht (meditative Übung) (S. 46)
- ❍ Wiesendetektive (S. 39)
- ❍ Herbstentdeckungen (S. 42)
- ❍ Mit dem Gesicht fühlen (S. 43)
- ❍ Vögel auf Samensuche (S. 40)
- ❍ Samenbilder (S. 45)
- ❍ Wintervorbereitungen des Igels (S. 40)
- ❍ Klettenspielereien (S. 44)

Nach der Meditation sollen die Spiele „Wiesendetektive" und „Herbstentdeckungen" die Kinder, Jugendlichen oder Erwachsenen auf das herbstliche Bild der Wiese einstimmen. Dadurch kann besser herausgearbeitet werden, dass sich die Pflanzen durch Samenverbreitung auf den nahenden Winter vorbereiten. Die Pflanzensamen und

deren Verbreitung stehen vor allem im Mittelpunkt der hier vorgestellten Variante einer Wiesenfühlung.

Basteleien mit Samen können für die jüngeren Kinder das Repertoire der Sinneswahrnehmungsübungen erweitern.

Ein Picknick mit selbst angefertigter Marmelade (z. B. Holundermarmelade) und Früchtetee weist auf den Nutzen der Fruchtbildung für den Menschen hin und kann die Wiesenfühlung abrunden.

Am Schluss können besonders schöne, möglichst trockene und nicht mehr lebende Naturmaterialien gesammelt und in einem Schuhkarton dekorativ angeordnet werden. Dafür eignen sich bestimmte Früchte, die Gegenstände von Spielen waren, besondere Träger von Düften, Erinnerungsstücke und auch Erinnerungsfotos.

Zu Hause versetzt uns ein Blick in den Karton in die schöne Erlebniswelt der Herbstwiese zurück.

Im Winter

Die winterliche Wiese zeigt sich karg und auf den ersten Blick langweilig. Durch die geringe Sonneneinstrahlung und die niedrigen Temperaturen hat sich das meiste Leben in den Erdboden zurückgezogen. Der eisige Wind vertreibt die Tiere und auch uns Menschen von den offenen Landschaften. Die Spuren im frischen Schnee verraten aber, dass es auch im Winter auf der Wiese zahlreiche Tiere gibt, die nach Nahrung suchen. An warmen Tagen im Februar verkündet der vereinzelte Balzgesang der Meisen den nahenden Frühling. Mitunter zeigen sich schon die ersten Feldlerchen und Goldammern.

Die vertrockneten Stängel der Doldenblüher und die alten Gräser werden im Winter mit zarten Schneemützen bedeckt.

Wiesenspiele und -aktivitäten von Dezember bis Februar

Sehen

Singvögelfütterung

Material: Fernglas, Bestimmungsbuch, Fotoapparat, Kiefernzapfen, Talg, Sämereien als Vogelfutter, Bindfaden
Anzahl: max. 10 TeilnehmerInnen
Alter: ab 8 Jahren

Futterplätze sind beliebte Treffpunkte für diejenigen Singvögel, die den Winter bei uns verbringen. Wenn wir ihnen solche Plätze anbieten, so können wir schöne Vogelbeobachtungen machen.

Vorbereitung:
Zur Herstellung von Futterstäben wird der Talg geschmolzen und mit den Sämereien vermischt. Diese Futtermischung wird an die Zapfen gegeben. Ein Faden zum Aufhängen wird noch an die Zapfen angebunden.

Die Futterstäbe werden an die Zweige von verschiedenen Sträuchern angehängt. In der Nähe dieses „Futterbaumes" wäre eine Art Versteck für die Vogelbeobachter hilfreich. Aber zunächst sollten sich alle TeilnehmerInnen mindestens eine Stunde nicht in der Nähe dieses Futterplatzes aufhalten. Mit Glück und Geduld können sich dort Sperlinge, Berg-, Grün- und Buchfinken, Amseln, Kleiber, Rotkehlchen, und Gimpel einfinden.

Vielleicht lässt sich ja auch manch ein Vogel fotografieren. Derartige Futterstellen sind nämlich auch beliebte Tricks von Tierfotografen, die Singvögel fotografieren wollen.

Hinweis: Die Erinnerungsfotos dienen zu einem späteren Zeitpunkt als Grundlage für die Gestaltung eines „Albums unserer Futterplatz-Besucher". Dann werden die Eindrücke der Beobachtung noch einmal vertieft.

Hasenspurensuche im Schnee

Alter: ab 6 Jahren

Im Schnee sind Hasenspuren oft zahlreich zu finden. Hasen nutzen in ihren Territorien feste Wechsel. Die Hoppelspur zeigt sich mit zwei vorn schräg zusammen liegenden Fußabdrücken und dann zwei kurz nacheinander folgenden Abdrücken. Die langen Hinterläufe (6 – 12 cm lange Abdrücke) werden nämlich vor die kurzen vorderen Läufe (5 cm lange Abdrücke) gesetzt. Kleinere Abdrücke stammen von Kaninchen. Beim Hoppeln werden zuerst die Vorderbeine aufgesetzt. Dann werden die Hinterbeine abgestoßen. Schließlich kommen sie mit den Hinterbeinen so auf den Boden, dass die Vorderbeine noch zwischen den Hinterbeinen sind. In Ruhe sind die Vierpfoten-Spuren 10 cm, im Trab bis 50 cm, auf der Flucht 100 – 350 cm weit auseinander. Der Hase sucht in der Dämmerung nach Nahrung und liegt dann tags in der 12 cm tiefen Sasse.

Die TeilnehmerInnen bilden die Spuren eines Hasen nach, indem sie die Bewegungen nachmachen, die zu solchen Spuren führen. Sie verfolgen eine Spur im frisch gefallenen Schnee, um die Aktivitäten des Hasen in der letzten Nacht (Schnee bei der Nahrungssuche weggescharrt, Flucht, Sitzplatz) zu ergründen oder die Hasensasse zu finden.

Dabei lässt sich vielleicht entdecken, dass der Hase nie direkt zur Sasse hin läuft. Seine Spur endet scheinbar plötzlich. Aber der Hase ist dann mit einem großen Satz (bis 2 m) seitwärts und dann in einer von der Sasse wegführenden Richtung weitergehoppelt. Diesen Trick wendet er mehrmals an, um schließlich sein Lager beim letzten Seitensprung zu erreichen.

Hören

Mäuse piepsen unterm Schnee

Material: Tuch
Anzahl: ab 6 SpielerInnen
Alter: ab 7 Jahren

Im Winter legen die Mäuse unter dem Schnee Gänge an, um nach Nahrung zu suchen. Manche ihrer Beutegreifer können sie trotzdem jagen, da sie das Piepsen der Mäuse durch den Schnee hindurch vernehmen.

Ein Wiesel (1 SpielerIn) ist auf der Suche nach Feldmäusen (den übrigen SpielerInnen). Da sich die Mäuse unter dem Schnee verbergen und so für das Wiesel nicht zu sehen sind, werden ihm die Augen verbunden. Die Mäuse verteilen sich auf einer ca. 10 x 10 m großen Spielfläche und geben in Abständen laute Piepstöne von sich. Sie bleiben in der Regel auf ihrem Platz stehen und dürfen sich maximal einen Schritt von dieser Stelle bewegen.

Das „Wiesel" sucht nun die Mäuse. Ist eine Maus gefangen, verlässt sie die Spielfläche. Die Spielleitung achtet darauf, dass das „Wiesel" die Spielfläche nicht verlässt.

Riechen und Schmecken

Auf Beutesuche

Material: 2 Einkochgläser mit einer Süßigkeit pro SpielerIn, Becher, 2 nasse Mullbinden, je 1 Fl. Backaroma Rum und Bittermandel, Parfüm
Anzahl: ab 6 SpielerInnen
Alter: ab 6 Jahren

Viele Beutegreifer nutzen ihren ausgeprägten Geruchssinn, um Nahrung zu finden. Dies wird in diesem Spiel nachempfunden.

Der Spielbereich sollte mind. 300 qm groß sein. Um den freien Einblick in das Gelände zu erschweren, ist es von Vorteil, wenn dort einzelne Bäume und Büsche stehen oder die Fläche uneben ist. Schließlich sollen sich die Spielgruppen beim Abstecken ihrer Wege nicht beobachten können.

Die TeilnehmerInnen bilden zwei Gruppen. Beide Teams erhalten jeweils einen Becher, in dem Streifen der nassen Mullbinde liegen, ein Fläschchen mit einem Backaroma sowie ein Einkochglas mit den „Beutetieren". Dieses Glas, das „Mäusenest", sollen sie gut verstecken.

Auf dem Weg zum Versteck hinterlassen sie etwa alle 10 – 20 Meter oder bei Wegkreuzungen eine deutliche „Duftmarke", indem sie dort eine markierte Mullbinde anbringen. Dazu wird der aufgehängte Stoffstreifen mit ein paar Tropfen Backaroma getränkt.

In einem sehr unübersichtlichen Gelände sollten auch noch zusätzliche Markierungen, z. B. Pfeile aus Steinen, Zapfen oder Stöckchen gelegt werden. Damit die Beute nicht so schnell gefunden wird, dürfen die SpurenlegerInnen auch Haken schlagen und Blindfährten legen.

Mit einem dritten Duft, dem Parfüm legt auch die Spielleitung Blindwege zwischen den Fährten.

Beide Gruppen haben für das Verstecken ihrer Beutetiere ca. zehn Minuten Zeit, dann ruft die Spielleitung alle zusammen.

Jedes Team erhält ein Stück Mullbinde, auf dem sich der Duft des „gegnerischen" Beutetieres befindet.

Die SpielerInnen werden jetzt zu Füchsen, die ein „Mäusenest" aufspüren wollen. Jede Fuchsfamilie sucht nun entlang der Duftmarkierung die „gegnerische" Beute. Ist sie gefunden, darf sie natürlich aufgegessen werden!

Hinweis: Ab 12 SpielerInnen sollten 3 Gruppen gebildet und entsprechend mehr Duftstoffe und Gläser eingeplant werden.

Variante

Bei älteren TeilnehmerInnen und einem noch nicht betretenen, schneebedeckten Spielgebiet wird das Spiel auf einer kleinen Fläche durchgeführt. Die Duftmarkierungen werden in kurzen Abständen mit Sprühflaschen auf den Schnee gesprüht. Hierbei sollten die SpielerInnen bei ihrer Suche auf Fußspuren und Geruch achten.

Fühlen und Erkennen

Wärmende Schneenester

Material: Säcke, Schnur, Schere
Anzahl: ab 3 SpielerInnen
Alter: ab 6 Jahren

Im Winter legen Feldmäuse auch oberirdische Nester an, die aber unter dem Schnee versteckt sind. Sie bieten den Mäusen auf Grund der isolierenden Wirkung des Schnees Wärme.

Die TeilnehmerInnen sammeln zunächst große, stabile Äste. Dann bauen sie eine Art Zelt aus mehreren Ästen, die oben ineinander verkeilt und unten tief in den Schnee gesteckt werden. Sind die Abstände zwischen den Ästen zu groß, stellen sie weitere Äste an.

Über das Gerüst binden sie die Säcke und schichten auf diese Schnee, bis auf den Sack, der als Eingang dienen soll.

Halten sich die TeilnehmerInnen nun eine Weile im Zelt auf, werden sie die isolierende Wirkung des Schnees spüren. – Es wird warm im Zelt.

Schlafende Knospen

Material: Lupe, Tuch
Alter: ab 5 Jahren

Schon seit dem Herbst sind die Knospen des kommenden Jahres an den Gehölzen angelegt. Verschiedenste Formen und Farben der Knospen sind zu entdecken. Beim Auseinandernehmen von Weidenknospen treten kleine, weiche Kätzchen zu tage. Aus anderen Knospen lassen sich winzige Blättchen entrollen.

Verschiedene Zweige mit Knospen (jeweils 2 einer Sorte) werden gesammelt und auf einen Haufen gelegt.

Die TeilnehmerInnen verbinden sich die Augen. Durch Befühlen der Form, Größe und Anordnung der Knospen sollen sie jeweils die zwei Zweige der gleichen Art finden.

Sind alle Zweige richtig sortiert, nehmen sie die Augenbinden ab. Sie entfernen von einigen Knospen die Knospenschuppen, befühlen den Knospeninhalt und betrachten ihn mit der Lupe.

Um den Prozess der Knospenentwicklung deutlich zeigen zu können, werden einige Zweige in eine Vase gestellt und täglich beobachtet. (Hierfür eignen sich auf Grund der Knospengröße besonders die Zweige des Kastanienbaumes.)

Scharfe Kälte und weiche Wärme

Anzahl: ab 5 SpielerInnen
Alter: ab 4 Jahren

Meisen und Feldsperlinge plustern sich bei den kalten Temperaturen auf, um sich gegen die Kälte zu schützen. Sie machen sich gleichzeitig ganz klein, um ihre Oberfläche zu verringern.

Zunächst stehen alle TeilnehmerInnen einzeln, halten die Arme weit ab vom Körper und haben dabei ihre Jacken geöffnet, um die Kälte noch mehr zu spüren. Nach 2 Minuten oder wenn alle die Kälte wirklich gespürt haben (an sehr windigen Tagen geht es recht schnell), wird der Körper ganz klein gemacht. Dazu hocken sich alle hin und umschließen mit ihren Händen die Beine. Die Jacke sollte jetzt natürlich wieder geschlossen sein. Um die Wärmewirkung der verringerten Oberfläche noch deutlicher zu spüren, rücken alle ganz eng zusammen. So wärmen sie sich gegenseitig.

Andere Aktivitäten

Ein Fuchs auf der Jagd

Anzahl: ab 6 SpielerInnen
Alter: ab 5 Jahren

Füchse sind gute Mäusejäger. Durch gezielte Sprünge mit allen vier Beinen gleichzeitig können sie die kleinen Nager geschickt überlisten. Füchse hören und sehen ihre Beute und packen blitzschnell zu.

Zunächst sammeln alle TeilnehmerInnen 10 gleichartige Früchte (z. B. Kastanien, Eicheln) nach Vorgaben der Spielleitung.
Die Spielleitung legt ca. 10 m voneinander entfernt aus langen Stöcken zwei Begrenzungen (nicht breiter als 4 m). In diesem Feld verstreut sie die gesammelten Früchte.
Eine Person ist der Fuchs, der Mäuse fangen will. Er darf sich nur auf allen Vieren bewegen und die Mäuse nur mit gezielten Sprüngen erhaschen.
Die übrigen SpielerInnen sind Feldmäuse, die auf allen Vieren aus ihrem ersten Bau (1. Begrenzungslinie) hinaus müssen, um Nahrung (die gestreuten Früchte) zu sammeln und diese zum anderen Bau (hinter die zweite Markierung) zu bringen.
Die Mäuse wollen natürlich nicht vom Fuchs gefressen werden, müssen aber in dieser kargen Winterzeit mindestens zehn Samen sammeln, um nicht zu verhungern.
Gefangene Mäuse scheiden aus. Wenn nach drei Minuten Spielzeit weniger als 4 Mäuse gefangen wurden, kann eine gefangene Maus als zweiter Fuchs beim Mäusefangen helfen.

Verzauberung

Material: Mistelzweig
Anzahl: ab 3 SpielerInnen
Alter: ab 4 Jahren

Im Winter sind die schmarotzenden Misteln mit ihren immergrünen Blättern gut auf den unbelaubten Pappeln und Weiden zu sehen. Misteln gelten schon seit vielen tausend Jahren als besondere Pflanzen mit Zauberkraft.

Alle SpielerInnen bilden einen Kreis. Ein Spieler bekommt von der Spielleitung einen Mistelzweig mit den Worten „Du bist ein Bussard" überreicht. Durch den Besitz des Mistelzweiges werden Zauberkräfte freigesetzt, die Menschen zu Wiesenbewohnern werden lassen.
Die berührte Person nimmt deshalb den Zweig und läuft als Bussard (z. B. die Arme schwingend) im Kreis umher. Irgendwann bleibt sie stehen, um einen anderen Spieler zu verzaubern. Sobald das geschehen ist, ist die eigene Verzauberung aufgehoben.
Das jeweils verzauberte „Wesen" kann seine Rolle pantomimisch oder mit charakteristischen Geräuschen darstellen, z. B. ein Fuchs im typischen Vier-Pfoten-Sprung, ein sich auf dem Boden windender Regenwurm, ein über die Wiese stakender Storch, ein hoppelnder Hase, ein quakender Frosch usw.

Eine meditative Übung

Das Jahr des Grases

Material: Daunenfedern
Anzahl: ab 2 SpielerInnen
Alter: ab 5 Jahren

Alle TeilnehmerInnen bekommen ein paar Daunenfedern in die Hand und verteilen sich auf der Wiese, schließen bei der Meditation (außer bei der „Bestäubung") möglichst ihre Augen und folgen den Anweisungen der Spielleitung.
Außer der Spielleitung spricht niemand mehr:
„Es ist Winter. Ihr seid Grassamen, die unter der Erde schlafen. Schließt die Augen und macht euch so klein wie möglich. (Pause)
Es wird wärmer, die Sonne lässt den Schnee schmelzen. Ihr Grassamen keimt. Zwängt euch aus eurer Samenschale heraus. (Pause)
Endlich seid ihr frei und könnt emporwachsen. Macht euch so groß wie möglich. (Pause)

Nun regnet es. Versucht, so viel Regen wie möglich abzubekommen. (Pause)
Der Wind pustet. Merkt ihr, wie er euch hin und her schubst. (Pause)
Jetzt wollen einige Käfer an euch fressen. Versucht sie abzuschütteln. (Pause)
Nun fangt ihr an zu blühen. Öffnet eure Augen. Lasst eure Pollen (die Daunenfedern) wegfliegen. Fangt nun die Pollen eines anderen „Grashalms", ohne dabei einen Schritt zu gehen. Nun seid ihr bestäubt. Schließt wieder die Augen. (Pause)
Langsam reifen die Samen heran. Merkt ihr, wie sie dick und schwer werden. Ihr könnt sie kaum noch tragen. (Pause)
Ihr verwandelt euch in die Samen. Der Grashalm stirbt ab und knickt um. Ihr fallt langsam zu Boden und bleibt liegen. Dabei macht ihr euch so klein wie möglich, denn ihr seid ja die Samen. Ruht euch aus und entspannt. Es ist wieder Winter." (Pause)

Wir erleben Tiere und Pflanzen – Futtersuche und Winterruhe

Dezember

In Hecken können Meisen, Buch- und Grünfinken, Amseln, Kleiber und Gimpel bei ihrer Nahrungssuche entdeckt werden. Sie bleiben den Winter über in unseren Breiten. Zu ihnen gesellen sich mitunter Wintergäste aus dem Norden, wie Birkenzeisig, Bergfink, Saatkrähe und Rotdrossel. Wechselwarme Tiere wie Insekten, Frösche und Reptilien überstehen die kalte Zeit, indem sie sich in den Boden, in Laub- oder Reisighaufen, in Gestrüpp oder in Baumhöhlen verkriechen. Insekten haben im Herbst eine Substanz erzeugt, die wie ein Frostschutzmittel wirkt und die Temperatur der Körperflüssigkeit weit unter die Nullmarke sinken lässt. So können sie als Raupe oder Imago diese Zeit überstehen. Manche gleichwarme Tiere wie Igel, Fledermaus, Siebenschläfer und Hamster halten Winterschlaf und senken dabei ihre Körpertemperatur ab.

Januar

Der Schneefall jetzt ist für viele Pflanzen und Tiere lebenswichtig. Der lockere Schnee schützt Pflanzen und Kleintiere vor zu starker Auskühlung und Austrocknung. Viele Wiesenpflanzen überdauern durch ihre eng an den Boden anliegenden Sprossorgane mit den schon fertig angelegten Blättern und Knospen. Die Kuhschelle bildet im Schutz des Schnees sogar Blütenknospen aus. Manche größere Säugetiere (Hasen, Rehe) lassen sich ab und zu einschneien. Das Treiben auf den Wiesen ist am Tag gut über die Spuren zu verfolgen.

Viele sonst als Einzelgänger lebende Vögel schließen sich im Winter zu größeren Trupps zusammen. Da in der Kälte ihr Leben eher auf Sparflamme verläuft, werden Streitigkeiten vermieden. So kann Energie gespart werden. Schließlich sind die Nahrungsvorräte knapp und die Futtersuche nimmt viel Zeit in Anspruch. Bei den kleinen Meisen reicht ein halber Tag ohne Nahrung aus, dass sie verhungern. Meisen hängen oft kopfüber an Zweigen und sammeln unermüdlich Samen und versteckte Insekten. Schwärme von Finken, Sperlingen und Ammern zeigen einen ungeordneten Wellenflug, um am Boden nach Sämereien zu suchen. Auf den trockenen Zweigen der Hochstauden haben sich Trupps aus Stieglitzen, Zeisigen und Hänflingen zusammengefunden, um Sämereien zu fressen. Auf Gehölzen mit Beeren oder angefrorenen Obstresten zeigen sich Amseln, Wacholderdrosseln und Misteldrosseln. Die großen Rabenvögel, Krähen, Dohlen und Elstern, finden sich auch zur gemeinsamen Futtersuche zusammen (➤ S. 113). Feldmäuse können in unter dem Schnee angelegten Gängen fast ungestört von Beutegreifern fressen (➤ S. 100).

Februar

Am Monatsende können eventuell erste früh heimkehrende Vögel wie die Sing- und Misteldrossel, Feldlerche, Kiebitz oder Star beobachtet werden. Man hört schon hier und da Frühjahrsgesänge von Kohl- und Blaumeise, Feldlerche, Amsel und Kleiber.

Bei Sonnenlicht können sich die ersten Zitronenfalter zeigen, die als Schmetterling überwintern. Die gelben Männchen und weißlichen Weibchen mit gelbrotem Mittelfleck auf ihren Flügeln suchen nach Nektar in den ersten Blüten des gelb blühenden Huflattichs und Kreuzkrautes, des weißen Gänseblümchens und der Purpurroten Taubnessel. Auch die ersten Bäume fangen an zu blühen, so Haselnuss, Erle, Weide und Kornelkirsche.

Vorschlag für eine thematische Wiesenfühlung im Winter

Ein Kampf gegen den kalten Winter

Die kalte Jahreszeit ist für die Pflanzen und Tiere der Wiese eine große Herausforderung. Nur die Stärksten und am besten Angepassten überleben. Der Kampf der Pflanzen und Tiere ist Inhalt dieser winterlichen Wiesenfühlung. Wiesenfühlungen in dieser Jahreszeit durchzuführen, erfordert von der Spielleitung eine gute Vorbereitung. Warme, wetterfeste Kleidung und wasserdichtes Schuhwerk, warme Getränke und evtl. eine Sitzunterlage lassen eine Wiesenfühlung zum ungetrübten Erlebnis werden.

Bewegungsintensive Spiele dürfen nicht zu kurz kommen. Damit die SpielerInnen bei kurzen meditativen Übungen zur Einstimmung auf die Ruhe der Natur nicht auskühlen, hilft ein schneller Anmarsch oder ein Bewegungsspiel, um warm zu werden.

Wir schlagen für eine mögliche Wiesenfühlung zum thematischen Schwerpunkt der Nahrungsbeschaffung folgende Übungen und Spiele vor:

○ Auf Beutesuche (S. 52)
○ Scharfe Kälte und weiche Wärme (S. 53)
○ Das Jahr des Grases (meditative Übung) (S. 55)
○ Wärmende Schneenester (S. 53)
○ Mäuse piepsen unterm Schnee (S. 52)
○ Singvögelfütterung (S. 50)
○ Ein Fuchs auf der Jagd (S. 54)

Da auf Grund der niedrigen Temperaturen die winterlichen Wiesenfühlungen zeitlich nicht zu sehr ausgedehnt sein sollten, werden auch nur einige wenige Übungen, z. T. recht bewegungsintensiv, durchgeführt. Es kommt dabei darauf an, den SpielerInnen die besonderen klimatischen Bedingungen klarzumachen und Möglichkeiten der Tiere aufzuzeigen, wie diese sich vor der Kälte schützen. Anschließend kann der Schwerpunkt der Betrachtungen und Übungen auf die Schwierigkeiten des Nahrungserwerbs gelegt werden.

Ein Holunderpunsch ist sicher das passende Getränk, um sich wieder aufzuwärmen. Und wenn dieser in einem fertig gestellten Schneezelt (Spiel: *Wärmende Schneenester*) getrunken wird, entsteht gerade die richtige Atmosphäre, um ein Märchen oder eine Geschichte zur Mistel oder anderen Lebewesen zu erzählen.

Besonders interessante pflanzliche Wiesenbewohner

Der Apfelbaum – Bewohner der Streuobstwiesen

■ Einige allgemeine Merkmale

Der Holzapfel (*Malus sylvestris*) ist ein Baum, der 10 m hoch und 200 Jahre alt werden kann. Das Wurzelsystem des Baumes kann die Krone in der Ausdehnung um ein Mehrfaches übertreffen. Oft trägt er leicht dornige Äste. Er gehört genauso wie Kirschen und Pflaumen zu den Rosengewächsen und trägt im Mai und Juni fünfblättrige Blüten. Diese weißen bis rötlichen, duftenden Blüten werden von Bienen, Hummeln oder Fliegen bestäubt.

Die Wildform unserer Apfelbäume ist durch sehr kleine und recht saure Früchte gekennzeichnet.

Die 3 bis 5 cm großen säuerlichen Früchte sind grüngelb. Im Gegensatz dazu sind die meisten der 1100 gezüchteten Sorten süß und schmackhaft. Jedoch kann der kultivierte Apfelbaum beim Verwildern rasch seine besonderen Merkmale verlieren und wieder zur ursprünglichen Form auswachsen, da die Sorten ausschließlich durch Pfropfung herausgezüchtet worden sind. Manchmal treibt der Wildling allerdings von unten kräftiger wieder aus. So kann ein in der Natur gefundener vermeintlicher Wildapfel durchaus einmal ein angebauter Kulturapfel gewesen sein. Die schwarzen Samen enthalten Blausäure.

Als typischer Streuobstwiesenbewohner bietet der Apfelbaum Lebensraum für zahlreiche Insekten, Vögel und Säugetiere.

◼ Verwendung

Die Rinde des Baumes wurde in vergangenen Jahrhunderten zum Färben von Wolle und Seide genutzt. Je nach Beize entstand ein goldgelber oder gelbbrauner Farbton. Das Holz ist in der Bildschnitzerei beliebt. Auch wird es zur Herstellung von Holzwerkzeugen (Hobel, Sägegriffe, Holzhammer), Furnieren und Kunstwerkgegenständen genutzt. Früher wurden aus dem Holz Schrauben und Zahnräder für Uhren, Windmühlen und für durch Zugtiere angetriebene Maschinen hergestellt.

Der Kulturapfel wurde schon vor 3000 Jahren gezüchtet. Apfelbäume gelten als älteste Obstbaumart, deren Früchte vielfältig genutzt werden, z. B. für Kompott, Saft, Wein, Likör, Kuchen, Marmelade, Essig, Eis, Süßigkeiten und als Bratapfel. Die Frucht enthält Pektin, Fruchtsäuren, Zucker, Gerbstoffe und viele Mineralstoffe, u. a. Eisen, Magnesium, Kalzium und die Vitamine A, B, C und E. In der Schale sind Öldrüsen, die den sortentypischen Duft abgeben. Der Apfel sollte möglichst mit Schale verspeist werden, da in der Schale die Vitamin-C-Konzentration 6-mal so hoch wie im Apfelfruchtfleisch ist und dort auch die meisten Mineralstoffe enthalten sind.

Der Volksmund sagt: „Ein Apfel am Tag macht den Arzt brotlos." Und wirklich, er wirkt vielfältig, u. a. verdauungsfördernd, appetitanregend, beruhigend, harntreibend und stopfend. Bei Durchfall sollte 1 bis 3 Tage lang nur geriebener Apfel gegessen werden. Das durch das Reiben frei werdende Pektin bindet die Giftstoffe im Darm, die dann ausgeschieden werden. Frisch gepresster Apfelsaft wirkt harntreibend und wird bei Gicht, Rheuma, Nieren- und Blasenerkrankungen empfohlen. Ebenso wirkt Apfelschalentee gut auf Nieren und Blase. Bei Fieber wird der Tee aus gedörrten Apfelscheiben des Holzapfels empfohlen. Apfelbreiumschläge sollen bei Wundliegen, Erfrierungen und Verbrennungen wie z. B. Sonnenbrand helfen. Apfelessig ist ein universelles Gesundheits- und Reinigungsmittel. Gegen Heiserkeit soll ein Bratapfel helfen. Bei Diäten hilft ein frischer Apfel, den Heißhunger zu stillen. Ebenso sollen Raucher, die sich von dieser Sucht entwöhnen wollen, immer bei dem Bedürfnis nach einer Zigarette einen Apfel essen. Umso weniger soll die Zigarette schmecken. Schulkindern dient ein Apfel, der in der Pause gegessen wird, als „Gehirnnahrung". Apfeltee soll den Schulstress mildern. Es ist überliefert, dass Friedrich Schiller in seinem Schreibtisch immer Äpfel gehabt haben soll, um durch den Duft geistig frisch zu bleiben. Apfelblütenwasser war schon im Mittelalter ein bekanntes Schönheitsmittel. Eine Gesichtsmaske aus Apfelbrei, mit Rosenwasser vermischt, reinigt und stärkt die Haut.

◼ Mythologie

Der Apfel war schon immer das Symbol des Lebens, der Liebe und der Fruchtbarkeit. Nach der griechischen Mythologie erschuf Dionysos, der Gott des Weines, den Apfel und schenkte ihn Aphrodite, der Göttin der Liebe. Die Kugelform der Äpfel und der Krone des Baumes wurde als Abbild der Vollkommenheit der Erde und des Kosmos angesehen. Als Symbol der Erde und des Weiblichen galt er als Attribut verschiedener Göttinnen, z. B. von Demeter, Aphrodite und Venus. Herkules musste zu den Gottestöchtern der Nacht, den Hesperiden, um von ihnen drei goldene Äpfel zu holen. Die Äpfel der Hesperiden sollten Kranke sofort gesund machen können.

In der nordischen Sage (Edda) bewachte die Liebesgöttin Iduna die Äpfel, die den Göttern ewige Jugend gaben. Eines Tages wurde Iduna vom Riesen Thjazi mit Lokis Hilfe entführt und sogleich begannen die Götter zu altern. Auf Anweisung der Götter holte Loki Iduna zurück. Diese Sage soll auch den Verlauf der Jahreszeiten symbolisieren. Iduna als Ausdruck des frischen Grüns im Frühling und Sommer wird entführt und verschwindet, es folgen Herbst und Winter. Schließlich wird sie zurückgebracht und der Frühling kehrt wieder.

Die Kelten verehrten den Apfelbaum als Baum der Vollendung, als Ausdruck großer Verbundenheit zwischen Mensch und Natur, Leben und Tod. In ihrem Baumkalender wurden die Tage vom 25. Juni bis 4. Juli und vom 23. Dezember bis 1. Januar dem Apfelbaum gewidmet. Als einer der sieben heiligen Bäume der Kelten wagte niemand, dem Apfelbaum etwas anzutun.

So wurde auch folgende Sage überliefert:

Der Poet Ken bat dem Blitzgott das Recht ab, vor dem Tod noch einen Apfel zu pflücken. Als er am Apfelbaum angelangt war, klammerte er sich daran fest und wurde vom Blitz nicht getroffen, denn selbst Donar wollte den Apfelbaum nicht verletzen. Daher hieß es: Wer bei Sturm den Saft aus einem Apfel saugt und den Baum umklammert, der ist zu sündig für den Himmel, aber vor der Unterwelt gefeit. Zum Schutz vor dem Blitzgott pflanzte man den Apfelbaum in die Nähe der Häuser.

Apfel- und Birnenernten sollten auch den Kindersegen beeinflussen. War eine Apfelernte gut ausgefallen, sollten im darauf folgenden Jahr viele Jungen geboren werden. Wenn die Birnenernte gut war, sollten es viele Mädchen sein. Der letzte Apfel am Baum wurde nicht geerntet. Dieser gehörte dem Baum und galt als Wunsch an diesen, im folgenden Jahr wieder eine gute Ernte hervorzubringen.

In der christlichen Symbolik hat der Apfel eine zwiespältige Bedeutung. Zunächst wurde die Gottesmutter Maria mit einem Apfel, der die Erde symbolisiert, dargestellt. Als jedoch männliche Kirchenoberhäupter die Religion anführten, wurde der Apfel zum Symbol der Sünde. Die Göttin wurde nach der neuen Lehre zur neugierigen Eva erklärt, die gegen Gottes Gebot vom Baum der Erkenntnis einen Apfel kostete. Sie bot auch Adam davon an und so wurden beide aus dem Paradies vertrieben.

Der Apfel der Schönheit

(nach einer griechischen Sage)

Vor vielen Jahren entschloss sich Peleus, König von dem Land Thessalien, wo auch der Götterberg Olymp liegt, die Meeresgöttin Thetis zu heiraten. Dazu wurden auch alle Götter des Olymp eingeladen. Eris jedoch, die Göttin der Zwietracht, hatte man vergessen. Aus Rache ließ sie einen goldenen Apfel mit der Aufschrift „Für die Schönste" in den Festsaal rollen. Nun stritten sich die drei mächtigsten Göttinnen Hera, Aphrodite und Athene um den Apfel, denn jede wollte die Schönste sein. Da sie sich nicht einigen konnten, stiegen sie zur Erde hinab auf eine Wiese und baten den Hirten Paris um Entscheidung. Der Jüngling hatte Erfurcht vor den Göttinnen. Schließlich war Hera die Frau und Schwester des obersten Gottes Zeus, Athene die Göttin der Weisheit und Aphrodite die Göttin der Schönheit und der Liebe. Hera versprach dem Hirten die Herrschaft über ein Reich. Athene wollte ihn bei der Entscheidung zu ihren Gunsten mit Ruhm und Weisheit überschütten. Aphrodite versprach ihm die schönste Frau der Erde zur Ehefrau. Paris war von der Jugend und Schönheit Aphrodites geblendet und übergab ihr den goldenen Apfel der Schönheit. Die Göttinnen Hera und Athene fühlten sich gekränkt. Da Paris der Sohn des trojanischen Königs Priamus war, trugen sie aus Rache mit dazu bei, dass Troja zerstört wurde.

Die Brennnessel – das Brot der Schmetterlingsraupen

■ Einige allgemeine Merkmale

Die Große Brennnessel (*Urtica dioica*) wird bis 1,5 m hoch und entwickelt aus kriechenden, überwinternden Ausläufern vierkantige Stängel. Diese tragen herzförmige, grob gesägte, gekreuzt gegenständige Blätter. Die Große Brennnessel ist zweihäusig. Sie trägt von Mai bis Oktober auf getrennten Pflanzen hängende weibliche und aufrecht stehende männliche rispige Blütenstände, die an Windbestäubung angepasst sind. Die Staubblätter stehen unter Spannung und richten sich beim Aufblühen sprunghaft auf. Dabei werden die Pollen in einer Wolke fortgeschleudert. An den weiblichen Pflanzen entwickeln sich die kleinen runden Samen. Die niedrig bleibende Kleine Brennnessel (*Urtica urens*) ist im Gegensatz zur Großen Brennnessel einjährig und einhäusig, d. h. männliche und weibliche Blüten befinden sich auf einer Pflanze. Es hat bestimmt schon jeder einmal die unangenehme Bekanntschaft mit den Brennhaaren gemacht, die auf den Blättern und an den Stängeln der Brennnessel wachsen. In einem Hohlraum der Brennhaare schwimmt eine Flüssigkeit, die u. a. Histamin (ein Hauptauslöser für Allergien) und eine dem Wespengift ähnliche Substanz enthält. Durch Berührung bricht eine besonders dünne Stelle der „Nadel" unterhalb ihrer Spitze ab und die Flüssigkeit ergießt sich in die Wunde. Das Brennsekret ist sehr wirkungsvoll. Es genügt ein zehnmillionstel Gramm davon, um auf menschlicher Haut eine Nesselwirkung zu erzielen. Ein wirksames Mittel gegen die juckenden Quaddeln ist der Saft zerriebener Blätter des Stumpfblättrigen Ampfers oder des Spitzwegerichs.

Die sehr wehrhafte Brennnessel verlangt schon viel Behutsamkeit, um sie ohne größere „Verbrennungen" zu pflücken und zu essen.

Brennnesseln streicheln

Brennnesseln können auch ohne ein unangenehmes Erlebnis gestreichelt werden: Vorsichtig vom Stiel ausgehend nach außen über die Blätter streichen. Durch das Streicheln in Wuchsrichtung der Brennhaare brechen sie nicht ab.
Eine Mutprobe ist es, ein frisch gepflücktes Brennnesselblatt zu essen: Junge Blättchen (die obersten Blätter an älteren Pflanzen) auswählen, sie enthalten die wenigste Brennflüssigkeit. Damit die Brennhaare im Mund nicht stechen, das Blatt vorher mehrfach so einrollen, dass die Unterseite außen ist, und das eingerollte Blatt mehrfach drücken. Dabei brechen die Nadeln ab.

Brennnesseln dienen auch als Kinderstube für zahlreiche Schmetterlingsarten wie dem Kleinen Fuchs, Tagpfauenauge, Admiral, Landkärtchen und Distelfalter. Die Blüten werden gern von Marienkäfern und Ohrwürmern gefressen. Insgesamt sollen 107 Insektenarten, darunter 15 Käfer-, 26 Wanzen-, 23 Blattlaus- und Zikaden- und

31 Schmetterlingsarten von der Brennnessel abhängig sein. Die Insekten, die auf den Brennnesseln leben, haben verschiedene Schutzstrategien gegen die Brennhaare. Bestimmte Raupen verspinnen die Brennhaare miteinander über einen Seidenfaden aus ihrer Spinndrüse. Blattläuse sind so klein, dass sie um die Brennhaare herumgehen können. Ameisen, die die Blattläuse melken, sind durch ihren Panzer vor der Brennflüssigkeit geschützt. Im Schutz des Brennnesseldickichts bauen Sumpfrohrsänger und Grasmücken ihre Nester.

Verwendung

Brennnesseln gehören zu den gehaltvollsten Wildgemüsearten. Ihre Blätter sind reich an Vitamin C (333 mg je 100g Blätter), Provitamin A, Eisen, Magnesium und Kalium. Ein Tee aus den Blättern wirkt stoffwechselanregend, ausscheidungsfördernd und entschlackend auf den Körper. Er fördert die Milchbildung bei jungen Müttern, wirkt gegen Erschöpfung und Stress, gegen Gicht und rheumatische Beschwerden. Haarwäsche mit Bennnesseltee soll zu glänzendem und kräftigem Haar verhelfen. Wird das Gesicht mit dem Tee abgerieben, soll sich die Gesichtshaut straffen. Für Tee und für Speisen sollten nur junge Pflanzen bis 20 cm Höhe oder die obersten zwei Blattpaare verwendet werden, da sie das Nesselgift noch nicht oder in geringer Dosis enthalten. Längeres Kochen, z. B. für einen Spinat, zerstört das Nesselgift. Getrocknete Brennnesselsamen können in Salat, Suppe oder aufs Butterbrot gegessen werden. Getrocknete Brennnesselwurzel wird bei Prostatabeschwerden angewendet.

Wenn Brennnesseln in der Nähe von Gewürzkräutern wachsen, soll sich der Gehalt an ätherischen Ölen in den Gewürzen erhöhen. Wachsen sie in der Nähe von Rosen, sollen sie Fliegen abhalten. In einem größeren Gefäß mit Wasser über mehrere Tage verjaucht ergeben die Brennnesseln einen gehaltvollen Gartendünger. Als 24-Stunden-Kaltwasserauszug haben sie sich als wirkungsvolles Bekämpfungsmittel gegen Läuse und andere saugende Gartenschädlinge bewährt. Mit dem Brennnesselsud lassen sich auch Ostereier und Wollfäden grün färben. Brennnesselstängel wurden bis ins 18. Jh. zur Herstellung von Nesselgewebe genutzt. In Schottland wurden aus Nesselfasern Stoffe gewebt und Fischernetze geknüpft. Heute gewinnt die asiatische Verwandte der Brennnessel, die Ramie, Bedeutung, weil sie besonders weich und glänzend ist.

Früher wurden Brennnesselzweige zum Peitschen kranker Gelenke verwendet, weil das Nesselgift die Haut reizt, die dann besser durchblutet wird.

> ### Gebackene Brennnesselblätter
> **Zutaten:** 1 Milch, 250 g Mehl, 2 Eier, etwas Backpulver, Salz, junge Brennnesselblätter, Kräutersalz, 100 g geriebener Gouda, Distelöl
>
> Milch, Mehl, Eier, Backpulver und Salz zu Eierkuchenteig verrühren. Die Brennnesselblätter beklopfen oder mit einem Nudelholz walzen. Die Blätter zerschneiden und mit dem geriebenen Käse und Salz in den Eierkuchenteig gegeben. Die Eierkuchen in etwas heißem Öl ausbacken.
>
> Außer Brennnesselblättern eignen sich auch Blätter von Spitzwegerich, Weißer Taubnessel und Weidenröschen dafür.

Mythologie

Im Mittelalter hieß es, Brennnesseln würden vor Hexen schützen. So entstand der Spruch: „Ein Kleid aus Nesseln bleibt stets Meister über alle Geister." Die Pflanze sollte auch als Gegengift gegen den Schierling, Giftpilze, Quecksilber, Schlangenbisse und Skorpionsstiche helfen. In Frankreich glaubte man, mit Brennnessel und Schafgarbe in der Hand jede Angst überwinden zu können.

Erscheint nachts im Brennnesseldickicht ein Licht, soll dort ein verborgener Schatz liegen.

Äußerlich und innerlich angewendet wurde die Brennnessel zur Steigerung der Liebesfähigkeit empfohlen. Nesselsamen sollten die Liebe feurig machen und die Wehen fördern.

Das Gänseblümchen – die kleine Blume mit Riesenkräften

Das blühende Gänseblümchen verschönert viele Wiesen fast das ganze Jahr über, nämlich von Januar bis November.

■ Einige allgemeine Merkmale

Das Gänseblümchen (*Bellis perennis*) mit seinen 125 Namen, wie Maßliebchen, Tausendschönchen und Tagauge, ist fast das ganze Jahr über auf Wiesen zu finden. Die Blumen blühen von Februar bis November und die Blüten können Temperaturen bis −15°C ertragen. Die Korbblüten bestehen aus weißen Zungen- und gelben Röhrenblüten. Sie schließen sich nachts und bei feuchter Witterung. Die Blütenkörbchen drehen sich zur Sonne. Die ovalen Blätter des Gänseblümchens sind in einer bodennahen Rosette angeordnet.

■ Verwendung

Gänseblümchen enthalten Saponine (seifenähnliche Stoffe), Gerbstoffe, ätherische Öle, Bitterstoffe und Schleimstoffe. Besonders reich an Wirk-stoffen soll das Gänseblümchen um den Johannistag (24. Juni) herum sein. Daher sollten die Blüten und Blätter in dieser Zeit gesammelt werden. Ein Tee aus der gesamten Pflanze wirkt bei Husten schleimlösend, krampfstillend und auswurffördernd. Er unterstützt aber auch den Stoffwechsel und die Wundheilung, wirkt blutreinigend, appetitanregend und ist gut für Galle, Leber und Haut. So sollte bei trockener, zu Ekzemen neigender Haut ein Teeaufguss aus zwei Hand voll Kraut dem Badewasser beigefügt werden. Gänseblümchenblätter können auf Insektenstichen und kleinen Verletzungen eine lindernde Wirkung erzielen.

Die Blütenknospen sind mit ihrem leicht nussartigen Geschmack eine interessante Bereicherung für Kräuterquarks und Salate.

Alexander von Humboldts Kräutersuppe

Zutaten: 2 EL Butter, 2 EL Mehl, 1 gewürfelte Zwiebel, $3/4$ l Wasser, Salz, 2 Hand voll gemischte Kräuter (Gänseblümchen, Schafgarbe, Kerbel, Brennnessel, Wegerich, Vogelmiere, Pastinakenblätter, Gundermann), 1 EL gehackte Knoblauchsrauke, geröstete Toastbrotscheiben

Die Zwiebelstücke in der Butter anrösten und das Mehl unter Rühren dazu geben. Die zerschnittenen Kräuter in etwas Wasser kochen. Den kochenden Kräutersud langsam, erst nur löffelweise, unter ständigem Rühren mit einem Schneebesen zur Mehlschwitze geben.

Mit Salz abschmecken.

Dazu mit Knoblauchsrauke bestreute Toastbrotscheiben reichen.

■ Mythologie

Freya, die germanische Göttin der Liebe und des Glücks, soll in ihrem Zaubergarten auch das Gänseblümchen gehütet haben. Schon im Mittelalter wurden Kränze aus den Gänseblümchenblüten geflochten und bei einem fiebernden Kind unter das Kopfkissen gelegt. Die heilenden Kräfte sollten sich am besten im Schlaf entfalten. Gänseblümchen, zwischen 12 Uhr und 13 Uhr gepflückt, sollten „Glück bey allen Thun und Werken" bringen. Gräbt man am Johannistag um 12 Uhr Mitternacht ein Gänseblümchen aus, sollte dies vor der Pest schützen.

Im 15. Jahrhundert wird die Blume Marienblümlein genannt, da nach einer alten Legende die Blüten Marias Tränen darstellen, die sie auf der Flucht nach Ägypten geweint hat. Im Mittelalter wurde daher auf Bildern Marias und des Jesuskindes ein Gänseblümchen als Zeichen der Unschuld mit abgebildet.

Viele Menschen kennen sicher auch aus ihren Kindertagen das Gänseblümchenorakel. Die Blütenblätter werden einzeln mit den Worten herausgezupft: „Er liebt mich von Herzen, mit Schmerzen, über alle Maßen, kann es gar nicht lassen, ein wenig, gar nicht."

Dieser Spruch wird so lang wiederholt, bis alle Blütenblätter abgezupft sind. Das letzte Blatt entscheidet über Liebesglück oder -unglück. Die gelben Blütenstempel werden aus den Blütenboden ausgezupft und auf die Handflächen gelegt. Dann wird mit der anderen Hand von unten dagegen geschlagen, sodass die Blütenstempel nach oben fliegen. Die jetzt noch auf der Hand liegenden Blütenkrümel sollen der Anzahl der zukünftigen Kinder entsprechen.

Das erste Gänseblümchen, das nach dem Winter auf der Wiese gefunden wird, soll man essen. Im Volksmund heißt es, dann hat man Glück im Leben.

Die Süßgräser – Kunstwerke und Nahrungsmittel

Gras ist nicht gleich Gras, denn es gibt eine große Fülle von Formen und Farben an Süßgräsern, die an die Windbestäubung und Windverbreitung perfekt angepasst sind.

■ Einige allgemeine Merkmale

Gräser sind auf allen Wiesen die häufigsten bestandsbildenden Pflanzen. Weltweit gibt es 8000 bis 10.000 Arten von Gräsern. Sie können fast überall wachsen und bilden ca. 20 Prozent der gesamten Vegetation der Welt. Gräser sind einkeimblättrige Windblüher, zu denen Süß-, Riedgräser und Binsen zählen.

In Mitteleuropa gibt es mehr als 200 Arten Süßgräser (*Poaceae*). Sie besitzen runde, hohle Halme mit massiven Knoten und ein weit verzweigtes Wurzelsystem, das gegen Wind, Kälte und Trockenheit widerstandsfähig ist. Die schmalen Blätter sind meist messerscharf, vermutlich zur Abwehr von Fressfeinden. Die unscheinbaren zwittrigen Blüten öffnen sich zur Windbestäubung nur einmal für kurze Zeit (max. 1 Stunde). Sie bilden riesige Mengen Pollen, damit innerhalb dieser kurzen Bestäubungszeit wirklich einige Pollen irgendwo eine Narbe erreichen. Roggen z. B. trägt auf jedem Staubblatt 19.000 Pollen. Dadurch hat eine Pflanze etwa 21 Millionen Pollen. Unsere Getreidepflanzen nutzen bei ihrer einstündigen Blühzeit eine feste Tageszeit: Weizen stäubt zwischen 5 und 6 Uhr, Roggen von 6 bis 7 Uhr, Hafer von 15 bis 16 Uhr. An einer Roggenähre können wir die Öffnung der Roggenährchen beobachten. An ihnen erfolgt eine der schnellsten Wachstumsbewegungen im Pflanzenreich. Mit einer Geschwindigkeit von 2,5 mm pro Minute strecken sich die Pollensäcke aus dem Ährchen heraus.

Viele Gräserarten öffnen ihre Blüten gar nicht mehr und führen Selbstbestäubung durch. Die Samen, die aus den befruchteten Gräserblüten entstehen, besitzen entweder fiederartige Anhängsel für einen guten Flug bei der Windverbreitung (z. B. Federgras) oder werden mithilfe von Häkchen an Tieren klebend verbreitet. Dabei welken nach einiger Zeit die Hüllblätter der Samen und sie fallen von den Tieren wieder ab auf die Erde, wo sie keimen können.

Bauwerke gigantischer Größe

Grashalme können über 1 m hoch werden, obwohl der Halm an der Basis nur ungefähr 3 mm dick ist. In bautechnische Daten übersetzt bedeutet dies, dass ein Fernsehturm bei 100 m Höhe an der Basis allenfalls 30 cm Durchmesser hätte. Aus statischen Gründen ist solch ein Bauwerk gar nicht herstellbar bzw. würde mechanischen Belastungen, etwa durch Stürme, gar nicht standhalten. Ein Halm schafft das und trägt zur Reifezeit zusätzlich noch das schwere Gewicht der Körner mit sich. Diese Leistungen werden durch den Aufbau des Halmes ermöglicht. Die dünne Wand ist von einigen Fasersträngen durchzogen, die mit dem Holzstoff Lignin ummantelt sind. Die verholzten Verstärkungsbänder liegen im Halm ganz weit außen, fast unter der Oberfläche. Oberhalb eines jeden Knotens befindet sich wachstumsfähiges Gewebe. Wenn nach einem Sturm das Gras zunächst schief steht oder am Boden liegt, bewirkt ein verstärktes Wachstum oberhalb der Knoten auf der dem Boden zugewanden Seite das Aufrichten der Halme.

Zählebig und schnellwüchsig

Trotz häufigem Schnitt und Beweidung wachsen die Gräser immer wieder hoch, da ihre Wachstumszonen dicht über der Wurzel unter der Bodenoberfläche liegen. Sie wachsen von „unten her" und nicht an der Spitze der Triebe wie zweikeimblättrige Pflanzen. Gräser verzweigen sich schon an der Stängelbasis. Die Blätter der Gräser besitzen keine Blattstiele, sondern wickeln sich tütenförmig um die Stängel. So sind sie vor Wasserverlust gut geschützt, können jedoch nicht optimal Sonnenlicht aufnehmen. Bei starker Sonneneinstrahlung werden die Blätter eingerollt und bei hohem Lichtbedarf entfaltet. Der größte Teil der Graspflanze (70%) besteht aus unterirdischen Wurzeln. Daher brauchen sie weniger Wasser als Bäume (70% des Pflanzengewichtes sind oberirdisch) und können so in Gebieten wachsen, die für Bäume zu trocken sind (Prärien, Savannen). Im Winter sterben die meisten Grasarten bis auf ihr Wurzelsystem ab.

Gräser zeigen eine beachtliche Wachstumsgeschwindigkeit. Bei feuchtwarmer Witterung im Frühjahr wächst ein Grashalm 1 mm in einer Stunde, jede Woche wächst die Wiese so etwa 16 cm in die Höhe.

■ Verwendung

Gräser spielen in der menschlichen Ernährung eine große Rolle, da ihre Samen die zur Ernährung wichtigen Kohlenhydrate und Eiweißstoffe in einem besonders günstigen Verhältnis von 6:1 enthalten. Daher wurden im Laufe der menschlichen Entwicklung aus Gräsern die uns heute bekannten Getreidearten gezüchtet wie Weizen, Gerste, Roggen, Hafer und Mais. Weitere aus der Ernährung bekannte Gräser sind Hirse, Reis und Zuckerrohr. Die Entwicklung der Kulturformen aus Wildgräsern begann schon vor 6.000 bis 10.000 Jahren. Weizen und Gerste wurden im Nahen Osten schon im 9. Jahrtausend v. Chr. angebaut. Hafer und Roggen wurden mindestens seit der Bronze- und Eisenzeit in Westeuropa kultiviert. Der heute angebaute Mais wurde seit dem 6. Jahrtausend v. Chr. aus mexikanischen Wildformen gezüchtet. Von jeder Getreideart gab und gibt es zahlreiche Sorten, z. B. vom Weizen etwa 10.000 (u. a. Einkorn, Emmer, Hartweizen, Dinkel). Dem Einkorn wird eine präventive Wirkung gegen Herz-Kreislauf-Erkrankungen und Krebs zugesprochen.

Gräser und Getreide sind als Viehfutter Grundlage unserer Tierhaltung (Beweidung, Heu, Silage, Körnerfutter). So liefern uns die Gräser in übersetzter Form auch Fleisch, Wurst, Eier, Milch und Milchprodukte, Wolle, Leder u. a..

In Heublumenbadezusätzen werden Gräser auch in der Naturheilkunde verwendet. Sie dienen zur Anregung des Stoffwechsels, bei Rheuma, Hexenschuss, Ischias- und Hautleiden. Der bekannte Geruch von Heu stammt vom Gemeinen Ruchgras, welches das duftende Kumarin enthält.

■ Mythologie

Brot oder Bier, was war zuerst?

Mit dem Übergang der Lebensweise des Menschen vom Jäger zum Ackerbauern und Viehzüchter bekamen Gräser eine zentrale Bedeutung für den Menschen. Damit entstanden auch göttliche Mythologien und Traditionen. So feierten die alten Ägypter 3000 bis 30 vor Christi schon Erntedankfest zu Ehren von Renenutet, der Schutzgöttin der Erde. Aus Gerste wurde ausschließlich Bier gebraut, das tägliche Getränk der Menschen und ihrer Götter. Die alten Griechen beteten zur Göttin Demeter für eine gute Ernte. Die Kelten feierten den 1. Mai zu Ehren Belenus, dem Gott der Herden und der Ernte (woraus der Maifeiertag entstand), und den 1. August zu Ehren von Lug, dem Gott der Getreideernte.

Noch weiß man nicht genau, ob Bier als Nebenprodukt des Brotbackens entstand oder Brot (ursprünglich nur aus Mehl, Salz und Wasser hergestellt) geschmacklich durch Bierhefe verbessert wurde, da das Bier so gut schmeckte. Schon die Sumerer vor 5.000 Jahren bemaßen eine tägliche Ration von 1 l Bier pro Arbeiter, Beamte bekamen 5 l.

Das Haar der Erde

Nach einer friesischen Sage nahm Gott bei der Erschaffung Adams Steine für die Knochen, den Tau als Schweiß und Gras als Haar. Das Gras nannte man auch das „Haar der Erde". Ein Grashalm mit sieben Knoten um den Kopf gebunden soll Kopfschmerzen beheben.

Im Mittelalter glaubte man auch, sich mit Gras rächen zu können: Sticht man den Rasen aus, auf dem jemand einige Zeit stand, und hängt das Stück in den Rauch, so wird diese Person krank und bleibt es so lange, bis der Rasen aus der Esse wieder entfernt wurde. Auch als Liebeszauber wurde Gras genutzt. Wenn ein Jüngling sich in ein Mädel verliebt hatte, zielte er mit einem Grasstängel nach seiner Auserwählten oder schickte ihr symbolisch ein paar Halme in Verbindung mit Liebessprüchen.

Als Entscheidungshilfe bei strittigen Fragen wurden Grashalme gezogen. Wer den kürzesten zog, hatte verloren. Im Mittelalter wurde auch als Zeichen für das Abtreten von Besitz ein Grashalm übergeben.

Wie die Wiesen zu ihren Kleidern kamen

Es gab einmal eine Zeit, in der alle Wiesen noch gleich ausgesehen haben. Doch die Mutter Erde hatte ihre liebe Not mit ihnen. Jedes Mal, wenn anlässlich eines Festes die Wiesen ihre Blumenkleider anziehen durften, gab es Zank und Streit. Jede Wiese wollte die Schönste sein. Mutter Erde konnte diesen Ärger nicht länger ertragen. Da kam ihr eine Idee. Sie gab jedem Wiesenkind ein Zimmer. Dieses Zimmer sollte von den Wiesenkindern nach eigenem Willen gestaltet werden. Schließlich verteilte sie die vorhandenen Blumenkleider gleichmäßig auf alle ihre Kinder. Für den nächsten Tag kündigte sie eine Modenschau an. Das schönste Kind der Kür dürfte das Zimmer sein Eigen nennen und müsste die Kleider, die es bekommen hatte, nicht mehr mit den anderen teilen. Am nächsten Morgen schaute Mutter Erde neugierig in jedes Zimmer hinein. Ihre älteste Tochter Sumpfine hatte sich ihr Lieblingskleid, das leuchtendgelbe Sumpfdotterblumenkleid, übergezogen. Damit es besonders frisch leuchtete, hatte sie in ihrem Zimmer Wasser angestaut. Ihre Lieblings- schwester Mägdesüß hatte natürlich versucht, ihr alles nachzumachen. So schlängelte sich ein kleiner Bach in ihrem Zimmer entlang. Aber sie trug ein herrliches Pestwurzkleid mit roten Blut- weiderichblüten. Mutter Erde war ganz verzückt, so hübsch sah sie aus. Sie wurde ganz neugierig, wie sich wohl ihre jüngeren Töchter gekleidet hatten.

Die wohlgenährte Wiesentochter Blauglöckchen strich sich über ihre Glatthaferhaare und weinte. Als sie Mutter Erde sah, klagte sie erst recht. Schließlich berichtete sie, dass sie ihr blauweißes Lieblingskleid anziehen wollte, aber alle Blüten ließen ihre Köpfchen hängen. Mutter Erde betrachtete die blauen Blüten von Wiesensalbei, Storchschnabel, Glockenblumen und Ehrenpreis. Tatsächlich, sie und auch die weißen Dolden des Wiesenkerbels schauten traurig drein. Aber Mutter Erde wusste Rat. Sie holte eine Regenwolke und lies die Blumen kräftig trinken. Schon erstrahlte das Blumenkleid von Blauglöckchen im Sonnenlicht. Sofort schob sich ein Lächeln in das Gesicht des Wiesenkindes und es verkündete: „Ich werde die Schönste sein."

Die Wiesentochter Sonnenröschen lächelte darüber. Zu ihrem weichen Trespenhaar trug sie ein elegantes Orchideenkleid. Sie war sich sicher, dass die anderen keine Chance hätten. Jedoch bat Mutter Erde sie, das empfindliche Kleid zu schonen. Traurig zog sie sich das kostbare Gewand aus. Dann entschloss sich Sonnenröschen zu ihrem bunten Kleid mit zartem Federgras, blauen Lein- und Wickenblüten, Heideröschen und Erdflechten. Ob sie so wohl eine Chance hätte?

Tausendschönchen, das jüngste aller Wiesenkinder, war mit ihrer Schwester Butterblume in einen heftigen Streit geraten. Beide wollten das schöne Weidelgrashaar zu ihren Lieblingskleidern tragen. Mutter Erde schlichtete den Streit, indem sie beiden solch eine Haarpracht gab. Tausendschönchen trug dazu ihr weißes Kleid aus Gänseblümchen und Weißklee. Butterblume präsentierte stolz ihr dottergelbes Löwenzahnkleid mit weißen Mustern aus Wiesenkerbel und roten Punkten von Ampfer. Nun schritten alle Wiesenkinder permanent um Mutter Erde herum und forderten, dass sie die Schönste küren sollte. Mutter Erde war in Bedrängnis. Sie wollte keines ihrer Kinder traurig stimmen, aber alle Töchter wollten eine Entscheidung von ihr. Und das war schwierig, alle Wiesen und auch die Einrichtung der Zimmer waren so hübsch. Darum entschied Mutter Erde, dass alle ihre Kleider für immer anbehalten und von nun an auch die eingerichteten Zimmer selbst besitzen dürfen.

Seit dieser Zeit können wir uns an den verschiedensten Wiesen erfreuen.

Die Heckenrose – dorniger Beweis der Liebe

Die Heckenrose entfaltet im Juni fünfblättrige zart rosafarbene Blüten, die sich befruchtet zu den leuchtend roten Hagebutten entwickeln.

Spruch „Keine Rose ohne Dornen" stimmt nicht ganz, da die Rose keine festverankerten Dornen, sondern leicht abzubrechende Stacheln trägt. Dornen sind nämlich umfunktionierte Seitenzweige, während Stacheln Auswüchse der Rinde sind. Der Strauch dient vielen Tierarten als Nahrungsquelle. Von den Blättern ernähren sich die Larven von 20 Kleinschmetterlingsarten. Außerdem sind mitunter so genannte Schlafäpfelgallen der Rosengallwespe oder der metallisch grün glänzende Rosenkäfer mit der rostroten Unterseite (Käfer des Jahres 2000) zu finden. In den Früchten leben Bohrfliegen. Bienen und Hummeln ernähren sich von den im Juni reichlich entwickelten Pollen, Vögel fressen die Hagebutten im Herbst.

■ Einige allgemeine Merkmale

Der 1 bis 3 m hohe Strauch bildet im Juni schwach duftende, 4 bis 5 cm große, hellrosa Blüten aus. Die 5 bis 7-zähligen, wechselständigen Fiederblättchen sind am Rand grob gesägt. Im September und Oktober entwickeln sich die korallenroten Hagebutten. Der Strauch hält starke Beweidung und sogar Feuer aus, da die unterirdischen Wachstumszonen geschützt sind. So können neue Äste immer wieder austreiben. Die Wurzeln reichen bis 1 m tief in den Boden.
Die Heckenrose war ursprünglich ein Waldbewohner und kletterte mithilfe der hakig gekrümmten Stacheln wie eine Liane an den Bäumen hoch. Mit der allmählichen Entwaldung der Landschaft wurde sie ein richtiger Strauch. Der

■ Verwendung

Die Rose ist die älteste Zierpflanze. Sie wurde schon auf einer fast 7000 Jahre alten Münze abgedruckt, die in den Zschudengräbern im Altai gefunden wurde. Die Ursprungsform der heute existierenden 5000 Rosenzüchtungen ist vermutlich die Gartenrose (*Rosa centifolia*), die im Jahre 1322 Kreuzfahrer aus Persien mitbrachten. Die aus Syrien (Syrien heißt übersetzt „Land der Rosen") stammende Damaszenerrose trägt den intensivsten Duft. Aus dieser Rose wird auch das begehrte Rosenöl gewonnen, wobei 4000 bis

5000 kg Blütenblätter für 1 kg Öl benötigt werden. Die Essigrose (*Rosa gallicia*) wurde Jahrhunderte lang als so genannte Apothekerrose in Klostergärten angebaut. Wurzeln, Blüten, Blätter und Früchte wurden zu Heilmitteln verarbeitet. Auch Hildegard von Bingen empfahl, Rosenblütenblätter auf geschwollene Augen oder auf Geschwüre zu legen.

Der Tee aus Rosenblütenknospen wird bei leichter Verstopfung, bei Blutungen und Magenkrämpfen getrunken. Die getrockneten und gemahlenen Blütenblätter waren früher ein Wundstreupulver für Kinder. Mit Rosenwasser (in Apotheken erhältlich) können kühlende Kompressen auf die geschwollenen Augen oder bei Kopfschmerzen auf Schläfen und Stirn gelegt werden. Heute noch wird Rosenwasser zur Herstellung von echtem Marzipan verwendet.

Rosenblütenblätter wurden im Mittelalter in Fleisch- und Süßspeisen, Marmeladen und Essig gelegt. Rosenwein gab es schon im alten Persien.

Die Früchte der Gemeinen Heckenrose (*Rosa canina L.*), die Hagebutten, sind sehr vitaminreich (Provitamin A bis zu 5 mg/100 g frische Früchte, Vitamin C bis zu 2,9 g/100 g frische Früchte, Vitamine B, E, K, P). Sie können zu Marmeladen, Wein und Likör verarbeitet werden. Beim Trocknen werden die Vitamine der Hagebutten zerstört, jedoch sind sie in dieser Form als heilender Tee bei Blasen- und Nierenkrankheiten, Gicht und Rheuma trotzdem gut wirksam. Die haarigen Fruchtkerne der Hagebutten dienen getrocknet zur Bereitung von Kerntee. Der goldgelbe Kerntee (2 TL zerstoßene Kerne auf 1 Tasse, 10 Minuten ziehen) duftet nach Vanille und hat eine abführende und schweißtreibende Wirkung. Er wird bei Blasen-, Nieren- und Steinleiden empfohlen. Die behaarten Hagebuttenkerne sind bei Kindern sehr beliebt oder gefürchtet. Sie werden nämlich gern als Juckpulver unter die Kleidung anderer Kinder gesteckt. Die stachligen Rosengallen werden auch als „Rosenäpfel" oder „Schlafäpfel" bezeichnet, da sie gegen Schlaflosigkeit helfen sollen, wenn man sie unter das Kopfkissen legt.

> **Rosenzucker**
> **Zutaten:** 1 Tasse stark duftende, frische Rosenblätter, 2 Tassen Zucker
>
> Die Rosenblätter in ein Tuch wickeln und 2 Tage lang liegen lassen.
> Dann zerstoßen und mit dem Zucker vermischen.
> In einem Schraubglas sollte der Rosenzucker noch einige Zeit (1-2 Monate) stehen und häufig umgerührt werden. Dann wird er verschlossen an einem dunklen Ort aufbewahrt.
> Er wirkt magen-, herz- und nervenstärkend und schmeckt gut, z. B. über Eierkuchen mit eingetauchten Robinienblüten.

■ Mythologie

Die Rose ist das Symbol der Liebe und die Blume der Frauen. Aber eine schnell welkende Rose bedeutete früher auch den Verlust eines geliebten Menschen. Der griechische Gott Eros trug wohl immer eine Rose bei sich. Die Blume wurde auch dem griechischen Gott Bacchus geweiht, der als Garant für gute Stimmung während der göttlichen

Blumen- und Liebesfeste galt. Im kaiserlichen Rom war die Rosenblüte der Inbegriff von Schönheit, Luxus und Reichtum. Kleopatra verführte Antonius in einem Meer von Rosen. Bei römischen Banketten war die Tafel mit Rosenblüten übersät. Wenn über einem Bankett eine Rose von der Decke hing, bedeutete das, dass von dem am Tisch Gesprochenen nichts weitergesagt werden durfte. Nach einer Sage schenkte der Liebesgott Cupido dem Gott der Stille, Harpokrates, eine Rose, um ihn dazu zu bewegen, nichts von den Seitensprüngen Aphrodites auszuplaudern.

Die Germanen haben Rosensträucher in die Nähe der Heiligtümer der Göttin Freya gepflanzt, da sie nach ihrem Glauben eine Blume aus Freyas Garten war. Nur am Freitag, dem Tag der Göttin, durften Rosen für Heil- oder Zauberzwecke gepflückt werden. Seit dieser Zeit glaubte man, dass Rosen und Hagebutten vor Verhexung und Krankheit schützen. So wurde in Bayern der Brauch entwickelt, die Nachgeburt eines Neugeborenen unter einem Rosenstock zu begraben. In Brandenburg und Sachsen wurde das Badewasser eines Neugeborenen unter einen Rosenstock geschüttet, damit das Kind immer gesund bleiben möge.

In Deutschland gab es die Legende, dass kleine Mädchen bei ihrer Geburt einer rosafarbenen Rose entspringen. Daher werden neugeborene Mädchen gern in Rosa gekleidet. Jungen hingegen werden zum Schutz vor übelgesinnten Geistern blau, also in der Farbe des Himmels, gekleidet.

Die Christen erklärten die fünf Blütenblätter der Blume zum Sinnbild der fünf Wundmale Christi. Als Sinnbild der Reinheit umrankt sie Maria auf unzähligen Bildern. Ein griechischer Dichter sagte einst, dass die Rose ursprünglich geruchlos und weiß gewesen sei. Eines Tages soll sich Aphrodite ihren Fuß an einem Rosenstachel geritzt haben. Durch das hervorquellende Blut wurde dann die Rose rot und duftend.

Den Namen Hundsrose erhielt unsere Heckenrose nach der ihr seit langem zugesprochenen Fähigkeit, den Biss tollwütiger Hunde heilen zu können.

Die Kamille – duftender Wegbegleiter

Die Kamille zählt wohl zu den bekanntesten Heilpflanzen in Mitteleuropa

■ Einige allgemeine Merkmale

Die einjährige Echte Kamille (*Matricaria chamomilla*) bildet im Frühjahr aus einer bodennahen Blattrosette 30 cm hohe Stängel mit gefiederten Blättchen. Die Pflanze riecht kräftig aromatisch. Sie zeigt von Mai bis August ihre weißen Blüten mit einem flachen, später lang-kegelförmigen, hohlen Blütenboden. Die ähnlich aussehenden Arten Geruchlose Strahlenkamille und Acker-hundskamille weisen hingegen einen kurz-kegelförmigen, gefüllten Blütenboden auf. Die Strahlenlose Kamille besitzt zwar einen hohlen Blütenboden, trägt an ihren Blütenständen jedoch keine weißen, zungenförmigen Blüten.
Die Blüten der Römischen Hundskamille (*Anthemis nobilis*) duften nach Äpfeln. Alle Arten der Kamille wachsen bevorzugt auf Brachland und Magerwiesen.

■ Verwendung

Die Echte Kamille gehört zu den bekanntesten Hausmitteln und wurde schon von den Alten Griechen verwendet. Sie soll am wirkungsvollsten sein, wenn sie um Johanni (24. Juni) herum gesammelt wird. Innerlich hilft sie bei Magen-Darm-Problemen, Blähungen, Menstruationsschmerzen und Frauenleiden, äußerlich (Sitzbäder, Waschungen, Auflagen, Wickel) bei Hautentzündungen, Wunden, Geschwüren, Hämorriden und Verbrennungen, z. B. bei Sonnenbrand. Bei Schnupfen, Pollenallergie und Nasennebenhöhlenentzündung werden Inhalationen mit Kamillentee empfohlen, bei Mund-, Zahnfleisch-, Mandel- und Rachenentzündungen das Gurgeln mit diesem Tee oder einem alkoholischen Auszug. In Frankreich wird Kamillentee Kindern gegeben, die zu Albträumen neigen. Auch zum Einreiben des Zahnfleisches bei zahnenden Babys wird der Tee empfohlen.
Kosmetisch ist die Kamille auch sehr begehrt. Sie wird für entspannende Vollbäder, reinigende Gesichtsdampfbäder, Fingerbäder sowie für Cremes und Schönheitspflegemittel genutzt. Die Römische Kamille findet ihre Anwendung auch in der Haarkosmetik, z. B. zum Aufhellen nachgedunkelter blonder Haare.
Die gelb blühende Färberhundskamille (*Anthemis tinctoria*) wurde zum Gelbfärben von Wolle genutzt.

Kamillenpüppchen zum Mut machen

Material: Baumwolltaschentücher, Kamillenblüten, Geschenkband, Kleber, Schere
Alter: ab 5 Jahren

Eine große Hand voll Kamillenblüten wird gesammelt und in die Mitte des Taschentuches gelegt.
Das Taschentuch wird zusammengefaltet und direkt über der Füllung zusammengebunden. Die
so entstandene Kugel ist der Kopf, auf die noch
ein Gesicht aufgeklebt werden kann. Hierfür werden z. B. von zwei Blütenständen die weißen
Zungenblüten entfernt und die gelben „Knöpf-
chen" als Augen verwendet.

Die Puppe kann ein schönes Geschenk sein, das
die Beschenkten durch ihren Duft beruhigt und
entspannen lässt, sie Kräfte sammeln und ihre
Ängste beseitigen hilft.

■ Mythologie

Die Ägypter widmeten die Kamille der Sonne und
verehrten sie wegen ihrer Heilkraft. In Mitteleuropa galt sie als Kraut der Demut, da sie umso
schneller wuchs, je mehr sie getreten wurde. Die
Kamille gehörte zu den neun heiligen Kräutern
der Angelsachsen, die sie „maythen" nannten. Sie
stellten die Pflanze in enge Beziehung zu jungen
Mädchen.

Vor keltischen Ritualen mussten Jungfrauen, denen mediale, telepathische und hellseherische
Kräfte nachgesagt wurden, in Quellwasser mit Kamillenblüten baden. Danach verbrachten die in
weiße Gewänder gekleideten Mädchen einen Teil
der Nacht zu Beltane (1. Mai) allein auf dem heiligen Hain, um magische Gegenstände zu finden
und zu deuten.

Die Väter der Botanik aus dem 16. Jahrhundert
glaubten, dass Mutter Maria die Kamille eigenhän-
dig für die Weiber ausgesät habe und diese aus
Dankbarkeit vor jeder am Wege stehenden Kamille
einen Knicks machen müssten. So stammt der latei-
nische Gattungsname matricharia von matrix (Mutter) ab. Die Bäuerinnen im Mittelalter achteten
immer darauf, dass sie Kamille im Garten hatten.

Die Kamille ist ein Bestandteil vieler Liebeszauber. Wenn sich eine Frau ihre Haare und das
Gesicht mit Kamillenwasser wäscht, soll sie den
Geliebten unwiderstehlich anziehen. Das Benet-
zen der Bettlaken mit Kamillentee soll die Leiden-
schaft steigern. Früher wurde ein Sträußchen
Kamille über das Bett von Säuglingen und Klein-
kindern gehängt, um sie vor Geistern und Krankheiten zu beschützen. Um einem sterbenden
Menschen den Übergang in die andere Welt zu
erleichtern und mögliche Angst vor dem Loslas-
sen zu nehmen, wurde Kamille im Sterbezimmer
verbrannt.

Der Klee – für Glück und Gesundheit

■ Einige allgemeine Merkmale

Klee gehört zu den Schmetterlingsblütlern, wozu auch Luzerne, Lupine, Wicke, Bohne, Erbse, Linse und Ginster gezählt werden. Der Klee ist eine artenreiche Familie, wozu nicht nur die hier beschriebenen Arten Rot- und Weißklee gehören. Nach der Befruchtung werden Hülsenfrüchte ausgebildet. An den Wurzeln befinden sich Bakterien, die den Stickstoff aus der Luft binden können und so die Bodenfruchtbarkeit verbessern.
Rot- und Weißklee sind ausdauernde, bis 40 cm hohe Pflanzen, die häufig auf Weiden und Wiesen wachsen. Wenn die Blüten noch nicht ausgebildet sind, werden die beiden Arten an ihren Stielen unterschieden. Rotklee besitzt behaarte Stängel, Weißklee zeigt kahle oder nur oben schwach behaarte Stängel. Der Weißklee trägt im Gegensatz zum ähnlich aussehenden Schwedenklee auf seinen dreizähligen Fiederblättchen weiße, halbmondförmige Querflecke. In der Nacht faltet er seine Blätter zusammen. Klee ist unempfindlich gegen Tritte, wird jedoch vom Löwenzahn verdrängt. Die kugeligen Blütenköpfchen des Rotklees enthalten oft über 50 kleine, wohlriechende Einzelblüten und werden auf Grund ihres süßen Nektars von Hummeln bestäubt. Die Hummeln haben sich mit ihren langen Saugrüsseln auf diese Pflanzen spezialisiert. Bienen können das auf Grund ihres kurzen Rüssels nicht. Ein altes Märchen erzählt, das der Herr-

Der Rotklee prägt zahlreiche Wiesen mit seinen weithin sichtbaren roten Schmetterlingsblüten.

gott ihnen diesen Nektar verwehrt, da sie einst an einem heiligen Sonntag dort Honig gesammelt haben.

■ Verwendung

Unter den zahlreichen Kleearten, die in der Landwirtschaft verwendet werden, spielt der Wiesen- oder Rotklee (*Trifolium pratense*) eine große Rolle, da er Stickstoff im Boden bindet und viel oberirdische, eiweiß- und mineralstoffreiche Grünmasse zur Futtergewinnung erzeugt. Er wird gern zur Bodenbedeckung als Untersaat zwischen Getreide gesät und später zur Gründüngung untergepflügt. In Deutschland wird er seit dem 11. Jahrhundert angebaut.
Rotklee wurde und wird bei Schuppenflechte, Ekzemen, Krätze und anderen Hauterkrankungen

angewendet. Der Tee aus Rotklee soll die Nerven beruhigen, chronische Angst und durch Stress verursachte Kopfschmerzen beheben sowie Halsschmerzen, Appetitlosigkeit und Verstopfung kurieren. Der Absud soll bei Pilzbefall und Entzündungen im Scheidenbereich zur Spülung verwendet werden. Bei Brustverhärtung und -entzündung stillender Mütter werden Brustumschläge mit Rotklee empfohlen. Durch die in ihm enthaltenen Phytoöstrogene (pflanzliche Hormone) wirkt der Rotklee nachweislich Wechseljahresbeschwerden und Brustkrebs entgegen. Auch gegen Fußpilz sollen Rotklee-Umschläge helfen.

Kleeblätter von Rot- oder Weißklee enthalten fast so viel Provitamin A wie Möhren, außerdem noch Eiweiß und Flavonoide, die als Radikalenfänger eine gute Prophylaxe gegen Krebs darstellen. Daher ist das Verspeisen von Kleeblättern und -blüten in Salaten, in Desserts, z. B. als *Gezuckerte Blüten*, in Suppen, als Gemüse oder Tee sehr gesund.

Gezuckerte Blüten

Zutaten: 1 Eiweiß, 1 EL Wasser, Kristallzucker, Blüten von Rotklee, Gänseblümchen, Löwenzahn, Holunder, Kornblume, Rose, Veilchen, Ringelblume oder Thymian

Das Eiweiß mit dem Wasser leicht, aber nicht schaumig schlagen. Die Blüten mit einem Pinsel mit dem Eiweiß bestreichen und dann mit Zucker bestreuen. Anschließend auf Butterbrotpapier, das mit Zucker bestreut wurde, zum Trocknen auslegen. Die Blüten häufiger wenden. Kleine Blüten benötigen 1-2 Stunden zum Trocknen, große bis zu einem Tag.

■ Mythologie

Die drei Blätter des Klees galten im Mittelalter als Sinnbild der dreifältigen Göttin: Ein Blatt war Symbol der jungen Frau und ihrer Jugend; das zweite die Mutter, Symbol der Fruchtbarkeit und das dritte, die Greisin, als Symbol des Alters und der Weisheit. So war der dreiblättrige Klee für Christen ein Talisman gegen bösen Zauber und Teufelsspuk. Den Kelten war der Klee Symbol für die Frühlingssonnenwende.

Vierblättrige Kleeblätter sind schwer zu finden und gelten daher als Glückssymbol mit den Bedeutungen Ruhm, Reichtum, treue Liebhaber und Gesundheit. Ein solches Blatt, um Mitternacht gepflückt, verkündet eine reiche Erbschaft und wer es bei sich trägt, hat Glück im Spiel. Ein fünfblättriges Kleeblatt soll dagegen Unglück bringen. Gegen das nahende Unglück hilft nur, das fünfblättrige Blatt zu verschenken, denn dem Beschenkten soll es Glück bringen. Ein vierblättriges Kleeblatt wurde früher in den Schuh des Geliebten gelegt oder heimlich in die Tasche der Person geschmuggelt, deren Zuneigung man gewinnen wollte. Dem Finder eines vierblättrigen Kleeblattes bringt es ein Jahr lang Glück. Jedoch darf er danach nicht gesucht haben, sondern muss es unbeabsichtigt finden. Im Mittelalter galt so ein Blatt als besonders wirksam, wenn es unter einem Galgen gewachsen und mit dem Blut eines Hingerichteten getränkt war.

Rotklee wurde früher bei Fruchtbarkeitsriten verwendet. Dazu musste der Rotklee bei Neumond gepflückt und in Quellwasser gelegt werden. Am Abend wurde mit dem Kleewasser dann der gesamte Körper gewaschen. Mit Kleewasser wurden auch die Zimmer gereinigt, um die darin lebenden Menschen vor schlechten Einflüssen durch Dämonen zu schützen oder Hexen sehen zu können.

Der Löwenzahn – die Pflanze mit den 500 Namen

■ Einige allgemeine Merkmale

Der Löwenzahn (*Taraxacum officinale*), hat mehr als 500 im deutschen Sprachgebrauch existierende Namen wie Kuhblume, Butterblume, Pusteblume, Saublume und Saudistel. Er trägt lanzettförmige, gezähnte Blätter ähnlich wie ein Löwengebiss, die als Blattrosette angelegt sind. Diese lichtbedürftige Pflanze steht besonders häufig auf nährstoffreichen Standorten. Von März bis Oktober können an einem 30 cm hohen, milchigen Stängel die gelben Blüten ausgebildet werden. Sie öffnen sich nur bei Sonnenschein. Aus jeder Einzelblüte des Blütenkorbes entwickelt sich jeweils eine Frucht mit einem gefiederten Flugapparat, die bei Kindern sehr beliebte Pusteblume. Auf einem Blütenkorb entstehen 200 bis 400 Fallschirme, die sich vorwiegend Anfang Mai bei schönem Wetter auf die Reise machen. Bei Wind können sie mehrere Kilometer weit fliegen. Wenn der Wind sich legt, sinkt das Fallschirmchen etwa 20 mal langsamer als ein Sportfallschirm. Leonardo da Vinci sah am Ende des 15. Jahrhunderts oft solche kleinen Fallschirme fliegen und konstruierte vermutlich nach ihrem Vorbild einen Fallschirm. Die Samen der kleinen Fallschirme verkrallen sich beim Landen mit ihren kleinen Widerhäkchen wie mit Ankern an Bodenunebenheiten. Sie sind mehrere Jahre keimfähig.

Die Löwenzahnpflanze scheint auch die Kraft eines Löwen zu haben, denn ihre Pfahlwurzel

Aus den gelben Löwenzahnblüten entwickeln sich im Mai die luftigen, silberfarbenen Pusteblumen, die jeden zum wegpusten verlocken.

sprengt sogar Asphalt und verschiebt Gehwegplatten. Aus diesem Grund wird der Löwenzahn mitunter in Liedtexten als Symbol des Widerstandes der Natur gegenüber dem menschlichen Wirken verwendet. Die Blattrosette der Pflanze ist trittfest und überdauert Eis und Schnee. Das Mähen im Mai wirkt sich nicht nachteilig auf die Pflanze aus, da die Samenreife zu diesem Zeitpunkt schon abgeschlossen ist. Im Gegenteil, durch die Kürze der Wiese und mehr Licht kann die Pflanze noch einmal eine Blüte ausbilden.

Der weiße Milchsaft der Stängel sollte von Kindern nicht ausgesaugt werden, da er mitunter Übelkeit, Durchfall, Erbrechen und Herzrhythmusstörungen bewirken kann. Er hinterlässt braune Flecken und klebt auch gut. So kann man sich mit dem Milchsaft z. B. eine Gänseblümchenblüte als Ohrring ans Ohr kleben.

Der Löwenzahn ist bei vielen Tieren sehr beliebt, nicht nur bei unseren Hauskaninchen. Die Blüten des Löwenzahns sind im Frühjahr eine wichtige Bienenweide. Weiterhin brauchen 40 Falterarten den Löwenzahn als Futterpflanze. An seinen Wurzeln nagen Engerlinge, die Larven des Maikäfers. Sind bei der Wiesenfühlung unreife Pusteblumen aufgebrochen zu finden, so waren Finken am Werk. Sie und auch Sperlinge und Stieglitze verfüttern die milchigen Samen an ihre Jungen.

■ Verwendung

Die heilende Wirkung von Löwenzahntee (häufig in Kombination mit anderen Pflanzen) ist schon seit 5000 Jahren bekannt. Arabische Ärzte beschrieben als erste diese Pflanze. Der Tee wurde gegen Fieber, Blutgerinnsel und zur Stimulierung des Blutflusses bei jungen Müttern verwendet. Die Anwendung von Löwenzahn in der deutschen Heilkunde greift bis ins 13. Jahrhundert zurück. In der Signaturenlehre wurde er auf Grund der gelben Blüten gegen Gelbsucht angewendet. Außerdem wurden mit dem Kraut Fieber, Gallenleiden, Wassersucht und Leberschwellung behandelt. Auch heute wird der Tee aus den Blättern oder der Wurzel genutzt. Er soll gegen rheumatische Beschwerden und Gicht helfen. Der Tee ist wirksam bei Leber- und Gallenleiden und wirkt harntreibend. In Frankreich wird die Pflanze deshalb „pissenlit" (Bettpisser) genannt. Für eine sechswöchige Tee-Kur werden täglich drei Teelöffel getrocknete Wurzeln oder Kraut mit drei Tassen kochendem Wasser überbrüht (15 Minuten ziehen lassen) und über einen Tag verteilt vor den Mahlzeiten getrunken.

Löwenzahn ist mit Kopfsalat und Endivien eng verwandt. Er wird als Nahrungsmittel im Frühjahr immer beliebter. Die Blätter des Löwenzahns enthalten viel Provitamin A, Vitamin C (100 mg in 100 g Frischmasse), Vitamin B sowie Mineralsalze, Gerb- und Bitterstoffe. Die jungen, noch nicht bitteren Blätter lassen sich in einem Salat (mit Nussöl, gerösteten Mandeln und etwas Zitrone) und wie Spinat verwenden. Aus den Blüten lässt sich

ein leicht nach Honig schmeckendes Gelee bereiten oder sie werden auf ein Butterbrot gestreut. Die Blätter erntet man von Februar bis Mai, die Wurzeln im Frühling und Herbst. Die Blütenknospen schmecken gut im Auflauf oder wie Kapern eingelegt.

Früher wurde die frische, zerschnittene Wurzel 15 Minuten im Backofen (250°C) geröstet, gemahlen und dann als Kaffeeersatz verwendet (7 TL auf 1 l kochendes Wasser). Ebenso wurde mit den Wurzeln von Wegwarte, Bocksbart, Wilder Möhre und Quecke verfahren.

Löwenzahn- Kartoffelsalat

Zutaten: 2 mittelgroße Pellkartoffeln, 200 g junge Löwenzahnblätter, 1 gehackte, angebratene Zwiebel, Soße aus 2 EL Distelöl, Saft 1 Zitrone, 3 EL Tomatenmark, Salz, Pfeffer

Die Kartoffeln in Scheiben schneiden und mit der Salatsoße vermengen. Die fein zerschnittenen Löwenzahnblätter und die gehackte, angebratene Zwiebel hinzugeben.

■ Mythologie

Einer griechischen Sage nach hat die Göttin Hekate den Helden Theseus mit Löwenzahn bewirtet. Daher sollen Löwenzahnwurzeln am besten im November gesammelt werden, dem Monat der Göttin Hekate.

Um überall gern gesehen zu werden und jeden Wunsch erfüllt zu bekommen, empfahlen so genannte Hexen im Mittelalter, sich von Kopf bis Fuß mit Löwenzahn einzureiben.

Die nordamerikanischen Indianer haben den Überlieferungen zu Folge bei ihren schamanischen Ritualen getrocknete Löwenzahnblätter geraucht.

Das Pusten einer Pusteblume wurde früher von Kindern als Orakel benutzt. So viele Fallschirme nach dem Blasen übrig bleiben, so viele Kinder sollte man bekommen. Und wer es schaffte, alle wegzublasen, war ein Glückskind und durfte sich etwas wünschen. Wissen sollte man aber dabei, dass sich die Schirmchen an feuchten Tagen sehr schlecht aus dem Blütenboden lösen.

Löwenzahnbasteleien

Material: Schüssel, Wasser, Messer, Löwenzahnblüten
Alter: ab 4 Jahren (mit Hilfe)

Figuren raten:

Die Stängel werden auf beiden Seiten aufge-schnitten und ins Wasser gelegt. Sie verformen sich zu gekringelten Figuren.
Was könnten die einzelnen Stiele darstellen?

Schmuck:

Eine Löwenzahnblume wird zu einer Armband-uhr, wenn ihr Stiel durch einen Schlitz hindurch gesteckt wird, der mit dem Fingernagel direkt unterhalb der Blüte eingeritzt wurde.
Für einen Ohr- oder Fingerring muss der Stängel noch weiter hindurchgezogen und später abge-brochen werden.
Für einen Haarkranz werden die Stängel vieler Blumen kurz hinter den Blütenköpfen eingeritzt und jeweils eine weitere Blume bis zur Blüte hin-durch gesteckt. Damit der Kranz gut hält, werden die Stängel zwischen den Blüten verflochten.

Löwenzahnpfeife:

Ein 5 cm langes Stängelstück wird an einem Ende platt gedrückt. Dabei den Milchsaft heraus-drücken und wegwischen, da er bei manchen Menschen Vergiftungserscheinungen hervorruft. Diese Seite wird in den Mund gesteckt und hinein geblasen. Nach ein wenig Übung ergibt ein dün-ner Stängel einen hohen Ton, ein dicker Stängel einen tiefen Ton.

Die Mistel - Pflanze der Druiden

Mitunter scheinen Laubbäume vollkommen von dem Halbschmarotzer Mistel eingenommen zu werden.

■ Einige allgemeine Merkmale

Misteln leben auf Bäumen. Es gibt drei Mistelgewächse in unseren Breiten, von denen die Laubholzmistel am häufigsten vorkommt. Die Laubholzmistel (*Viscum album*) lebt besonders auf Pappel, Weide, Birke, aber auch auf Obstbäumen. Eichen werden selten von ihr befallen. Wenn dann eher von der Eichenmistel, auch Riemenblume (*Loranthus europareus*) genannt. Sie besitzt keine grünen Zweige wie die Laubholzmistel, sondern schwarzgraue Zweige und verliert im Winter ihre Blätter. Die Mistelart, die Nadelhölzer befällt, bevorzugt Kiefern und Tannen.

Als Halbschmarotzer entziehen Misteln mittels ihrer bis 1,5 m langen Saugwurzeln (Haustorien) dem Wirtsbaum Wasser und Mineralsalze. Auf grund ihres Chlorophylls kann die Mistel mit diesen Ausgangsstoffen ihre Photosynthese durchführen. Selbst in den Wintermonaten bleibt die Laubholzmistel grün. Zu dieser Zeit haben die Laubbäume ihre Blätter abgeworfen und so sind die Misteln weithin sichtbar.

Die Mistel ist ein zweihäusiger, kugelförmiger Strauch. Die grünen Äste tragen lederartige, immergrüne Blätter. Jede Gabelung ihrer Astverzweigung entspricht einem Jahrestrieb. Alle Gabelungen sind gleich stark. Im April werden in ihren Astgabeln drei bis fünf intensiv duftende, gelbgrüne Blüten gebildet, die sich zu einer Trugdolde zusammen schließen. Die Blüten der weiblichen Pflanzen werden vorwiegend durch Fliegen bestäubt. Im November/Dezember sind aus den befruchteten Blüten weißliche, erbsengroße, giftige Scheinbeeren mit Samen entstanden. Der Samen wird von einer klebrigen Substanz (dem Viscin) umgeben. Sie sollten einfach einmal eine Beere zerdrücken – es klebt gewaltig. (Bitte danach die Hände waschen!) Die unverdauten Samen werden von den Vögeln wieder ausgeschieden. Geschieht das auf einer Astgabel, kann der Samen dort eine Wurzel ausbilden. Die Saugwurzeln zapfen die Leitbahnen des Baumes an. Eine Mistel kann sich zu einem imposanten Gebilde von bis zu einem Meter Durchmesser entwickeln. Diese schmarotzende Lebensweise wirft unweigerlich die Frage auf: Schädigt die Mistel den Baum? Auch hier spielt das Ausmaß des Befalls eine Rolle. Eine einzelne Mistel kann von dem Wirtsbaum ohne Schaden toleriert werden. Treten die Halbschmarotzer auf einem Baum in Massen auf, kann das schon eine große Stresssituation für den Wirtsbaum bedeuten. In den vergangenen Jahrhunderten wurden die Misteln daher schnell als Schädling eingestuft, insbesondere wenn sie auf Apfelbäumen auftraten. Bis zum Beginn unseres Jahrhunderts wurde daher den Bauern geraten, die Misteln samt dem befallenen Ast zu vernichten. Heute steht die Mistel in Deutschland unter Naturschutz.

■ Verwendung

Die besonderen Kräfte der Mistel fanden auch in der Volksmedizin ihre Anwendung. So wurde in den Kräuterbüchern des 16. Jahrhunderts die Mistel bei Epilepsie, Schwindelanfällen und Krämpfen empfohlen. Doch die Wirksamkeit der Mistelpräparate gegen diese Leiden ist heute umstritten. Die Inhaltsstoffe Acetylcholin und das starke Herzgift Viscotoxin werden bei oraler Verwendung im Magen-Darm-Trakt zerstört. Heute werden Mistelpräparate immer häufiger in der Krebsbehandlung eingesetzt. Die Inhaltsstoffe der Mistel wirken zellwachstumshemmend, lindern Schmerzen und wirken gegen Ängste und Depressionen. Auch eine Wirkung gegen Bluthochdruck und Arterienverkalkung ist bekannt.

Als Bestandteil von Cremes und Emulsionen zur Beruhigung empfindlicher Haut wird die Mistel auch zur Schönheitspflege genutzt. In Haarshampoos sollen ihre Inhaltsstoffe gegen starke Schuppenbildung wirken.

Die Früchte stehen auf dem Speisezettel von Drosseln (insbesondere der Misteldrossel), Seidenschwänzen, Rotkehlchen, Zaunkönigen, Baumläufern und Goldhähnchen. Aus den Mistelbeeren wurden früher Leimruten für den vor allem in Italien üblichen Vogelfang hergestellt.

■ Mythologie

Die große Bedeutung dieser Pflanze für die Kelten kennt wahrscheinlich jeder aus den bekann-

ten Asterix-Heften und -Filmen. Dort verwendet der Druide Miraculix Extrakte aus Mistelzweigen von einer heiligen Eiche, um einen Zaubertrank herzustellen, der unbesiegbar macht. Natürlich ist die Wirkung der Mistel in dem Comic maßlos

übertrieben. Die Mistel wurde aber von den Druiden, den Weisen der Kelten, wahrhaftig sehr verehrt. Die Franzosen bezeichnen die Mistel auch als „Guide Druides" (Helfer der Druiden). Die Kelten vermuteten, dass sich in den Misteln die Seele des Wirtsbaumes befindet, sie daher himmlische Kräfte besitzt. Die Misteln durften nicht einfach so ohne Achtung und Ehrerbietung abgeschnitten werden. Um sie angemessen zu ernten, mussten die Druiden sie mit einer goldenen Sichel und in einen weißen Umhang gekleidet schneiden. So wurde es zumindest von dem Römer Plinius (23- 79 n. Chr.) berichtet. Die Mistelzweige durften den Boden nicht berühren, um nicht ihre „himmlischen" Zauberkräfte zu verlieren.

Bei den Germanen galt diese Pflanze als Wegbereiter der Götterdämmerung. In der griechischen Mythologie konnte mithilfe eines Mistelzweiges die Unterwelt betreten und unbeschadet wieder verlassen werden.

Den Misteln wurde zugesprochen, dass sie Hexen, böse Geister und Trolle vertreiben, die Fruchtbarkeit des Bodens erhöhen und Zahnschmerzen lindern könnten. Flöhe und Wanzen sollten mithilfe der Mistelzweige verschwinden, da man vermutete, sie seien dem Träger angehext worden. Das Berühren einer Mistel sollte gegen Albträume helfen. Ein Amulett aus Mistelholz trugen die Menschen, um sich gegen den „Bösen Blick" zu schützen. In der Nähe des Ehebettes versteckt sollte die Mistel gegen Kinderlosigkeit wirken.

Bis in unsere Zeit hat sich der Glaube an die magischen Kräfte der Mistel hinübergerettet. So werden insbesondere in England in der Weihnachtszeit Mistelzweige über die Türen gehängt, um Dämonen zu verscheuchen. Außerdem besteht unter solchen Mistelzweigen Kussfreiheit. Ein Brauch, der natürlich gern gepflegt wird. So ein Kuss ist ein Versprechen für eine dauerhafte Freundschaft. Nachdem ein Mann eine Frau unter einem Mistelzweig geküsst hat, muss er eine Beere abpflücken. Wenn alle Beeren abgepflückt sind, ist das Küssen zu Ende.

Die unterschätzte Mistel
(nach einer germanischen Sage)

Der oberste Gott Odin und seine Frau, die Fruchtbarkeitsgöttin Freya, hatten vier Söhne. Wali-Bous, Hermod, Baldur und Hod. Baldur, der Gott des Lichtes, war ein schöner und kühner Ritter. Eines Tages träumte er von großen Gefahren, die ihn bedrohen würden. Er erzählte seiner Mutter von diesen Träumen. Freya war sehr besorgt um ihren Sohn, denn sie wusste, dass die Träume eines Gottes sich oft bewahrheiten. So nahm sie von jedem Lebewesen auf der ganzen Welt und von den vier Elementen Wasser, Luft, Gestein und Feuer den Eid ab, Baldur nichts zuleide zu tun.

Baldur und die anderen Götter wollten diesen Eid der Lebewesen und Elemente überprüfen und überlegten sich ein Spiel. Auf dem Thingplatz begannen die Götter, auf Baldur mit Pfeilen aus dem Holz aller Baum- und Straucharten zu schießen, mit Speeren, Steinen, Erzen, Elfenbein und Knochen auf ihn zu werfen und mit Knüppeln, Schlangen und anderen Dingen auf ihn einzuschlagen. Aber alle Lebewesen und Gegenstände hielten sich an ihre Versprechen und Baldur wurde nicht verletzt.

Auch Loki, der Unheil bringende Gott des Feuers, verfolgte das Spiel. Er gönnte es dem Baldur nicht, so beliebt zu sein. Loki ging zu Freya und fragte: „Gütige Göttin Freya! Sage mir, wie es nur möglich ist, dass Baldur bei dem gefährlichen Spiel keine Verletzung davon trägt?" Freya lächelte zufrieden, denn sie freute sich, dass alle ihren Eid einhielten, und sagte: „Nun, ich habe allen möglichen gefährlichen Dingen und Lebewesen den Eid abgenommen, meinem Sohn nichts zu tun." „Wirklich allen?", fragte Loki neugierig. „Allen bis auf die kleine Mistel, die mir sehr jung und ungefährlich erschien", sagte Freya. Loki sah nun eine Möglichkeit, Baldur zu schädigen. Er holte sich einen Mistelzweig, schnitzte einen Pfeil daraus und ging zum Thingplatz. Dort trat er auf Baldurs blinden Bruder Hod zu und sagte ihm: „Beteilige dich doch auch an dem Spiel. Ich werde dir helfen."

Er drückte Hod einen Bogen und den Pfeil aus dem Mistelzweig in die Hand und führte seine Hand. Hod schoss den Mistelzweig auf Baldur ab und tötete ihn. Auf dem Thingplatz wurde es still. Alle Götter sahen erschüttert auf den toten Baldur und dann voller Zorn auf den ahnungslosen Hod. Loki hatte sich schon aus dem Staub gemacht. Verzweifelt versuchte Freya bei Hel, der Göttin der Unterwelt, Baldur freizukaufen. Aber leider ohne Erfolg.

Die Pappel – schlanke Riesen am Wegesrand

■ Einige typische Merkmale

Der Name Pappel ist von dem lateinischen Wort „populus" (übersetzt: Volk) abgeleitet. Die alten Römer haben dem Baum diesen Namen gegeben, weil die sich ständig bewegenden Blätter sie wohl an das Volk erinnerten. Die Pappel gehört zu den Weidengewächsen und kommt bei uns hauptsächlich in vier Arten vor: als Silberpappel (*Populus alba*) mit unterseitig silbrig behaarten Blättern; als Espe, auch Aspe oder Zitterpappel genannt (*Populus tremula*), als Amerikanische Balsampappel (*Populus balsamifera*) und als Schwarzpappel (*Populus nigra*). Letztere kann 35 m hoch werden und wächst häufig in Form der schlanken Pyramidenpappel (auch Italienische Pappel genannt) in Parks und an Straßenrändern. Sie wurde im 18. Jahrhundert aus Mittelasien über Italien eingeführt. Die schlanke Pyramidenpappel ist eine Mutation der männlichen Schwarzpappel. Da die Pappeln zweihäusig sind, d. h. es gibt männliche und weibliche Kätzchenblüten auf verschiedenen Bäumen, kann diese Form nur über Stecklinge vermehrt werden.

Pappeln sind sehr schnellwüchsig, aber relativ kurzlebig. Sie werden nur etwa 100 Jahre alt. Silber- und Schwarzpappeln können jedoch auch 300 Jahre alt werden. Durch ihre Anspruchslosigkeit an die Bodenqualität findet man die Pappeln als Pionierbäume bei der Entwicklung von Wäldern vor.

Pappelblätter sind glänzend, haben die Form eines Herzes und zittern meist schon bei wenig Wind.

Pappelblätter sind rundlich bis dreieckig und sitzen an einem langen, dünnen Stiel. Bei der Zitterpappel sind die Stiele seitlich stark zusammengedrückt, wodurch die Blätter beim kleinsten Windhauch „wie Espenlaub zittern". Vermutlich schützt sich der Baum damit vor starkem Insektenbefall. Auf der Schwarzpappel entwickeln sich acht verschiedene Nachtschmetterlingsarten.

Die Pappelblüten erscheinen schon vor dem Blattaustrieb im März. Die klebrigen Knospenschuppen duften vor dem Aufblühen. Die Früchte sind Kapseln, in denen viele winzige, weiß behaarte Samen liegen, die in manchen Jahren bei trockenem, sonnigem Wetter einen frühsommerlichen „Schneefall" verursachen können.

■ Verwendung

Pappelholz ist relativ weich und leicht. Die Kelten schnitzten sich daraus Holzschuhe und Schilde. Das Holz wird heute meist zur Zellulose- und Streichholzgewinnung sowie für Sperrholz, Zeichentische, Reißbretter, Teller und Spielwaren verwendet. Auch werden sie im Rahmen der Nutzung alternativer Rohstoffe als Dauerkulturen angebaut und in Biomasse- und Heizkraftwerken energetisch genutzt.

Die Rinde wurde früher zum Gerben von Leder und zum Gelbfärben von Leinen verwendet. Die Indianer Nordamerikas haben die Rinde im Frühjahr als Notration gegessen oder auf frische Wunden gelegt. Mit dem Samenflausch wurden früher Kissen und Decken gestopft. Die Knospen können im Salat gegessen werden.

Knospen der Schwarz- und Balsampappeln können zur Herstellung von Aufgüssen und Salben verwendet werden. In den Knospen befindet sich ein Glykosidkomplex, der die Senkung der Blutharnsäure verursacht. Die aus den Knospen hergestellte Salbe wurde seit dem Mittelalter zur Behandlung von Gelenkrheumatismus, Hämorriden, Verbrennungen und Erkrankungen der Harnwege verwendet. Im Mittelalter war die Pappelsalbe unter dem Namen Populeon bekannt.

In der Imkerei hat der Pappelharz große Bedeutung. Bienen stellen aus dem gesammelten Baumharz Propolis (Kittharz) her und überziehen das gesamte Innere des Bienenstocks damit. Da Propolis bakterien-, pilz- und virenvernichtende Substanzen enthält, schützen sie sich damit vor Krankheiten.

Der Mensch nutzt diesen Kittharz für Präparate gegen Halsschmerzen, Verbrennungen, unreine Haut, Schnupfen, Zahnfleischschwund, Allergien, Blutergüsse, rissige Lippen und Herpes, Magenprobleme und Frauenleiden.

Pappelsalbe

Zutaten: 50 g frische Balsampappel-Knospen, 125 ml kaltgepresstes Olivenöl, 25 g Bienenwachs vom Imker

Die Knospen zerquetschen, in ein Glas füllen und mit dem Öl übergießen. Das Glas gut verschlossen an einem warmen Ort zwei Wochen lang aufbewahren.

Dann das Öl 15 Minuten lang unter Rühren erwärmen, es darf aber nicht kochen. Nun die Knospen abseihen und das Wachs im Öl lösen.

Nach dem Umrühren die Salbe in kleine Döschen abfüllen, kühl aufbewahren.

Die Salbe bei Verbrennungen, Gliederschmerzen und Hämorriden verwenden.

Schwarzpappel

■ Mythologie

Früher glaubten die Mädchen, dass das schnelle Wachstum der Pappel auch ihr Haarwachstum fördern würde. Sie bohrten ein Loch in eine Pappel, steckten einige ihrer Haare hinein und schoben einen Keil darüber.

Im Baumkalender der Kelten standen gleich drei Perioden unter dem Einfluss der Pappel: 4. bis 8. Februar, 1. bis 14. Mai und die Zeit vom 5. bis 13. August. Menschen, die unter diesem Zeichen geboren sind, sollen, angelehnt an die Wachstumseigenschaften der Pappel und ihre Vitalität, besonders schnell lernen können und geistig sehr beweglich sein.

Für die Griechen war die Pappel der Baum des Todes. Sie war Hades geweiht, dem Herrscher über das Totenreich. Die Weißpappel war für die Griechen aber nicht nur der Baum der Trauer und der Unterwelt, sondern kurioserweise gleichzeitig der Baum des Lichtes. Das bezog sich auf die helle Rinde und die weißlichen Blätter des Baumes. Bei den Sioux-Indianern steht die Pappel im Mittelpunkt eines Frühlingsfestes. Eine Hütte, die um die heilige Pappel gebaut wird, verkörpert dabei die ganze Welt und der Baum symbolisiert die Achse, welche die Erde mit dem Himmel verbindet. Die Indianer vollführen während der Zeremonie um die Pappel herum den Sonnentanz.

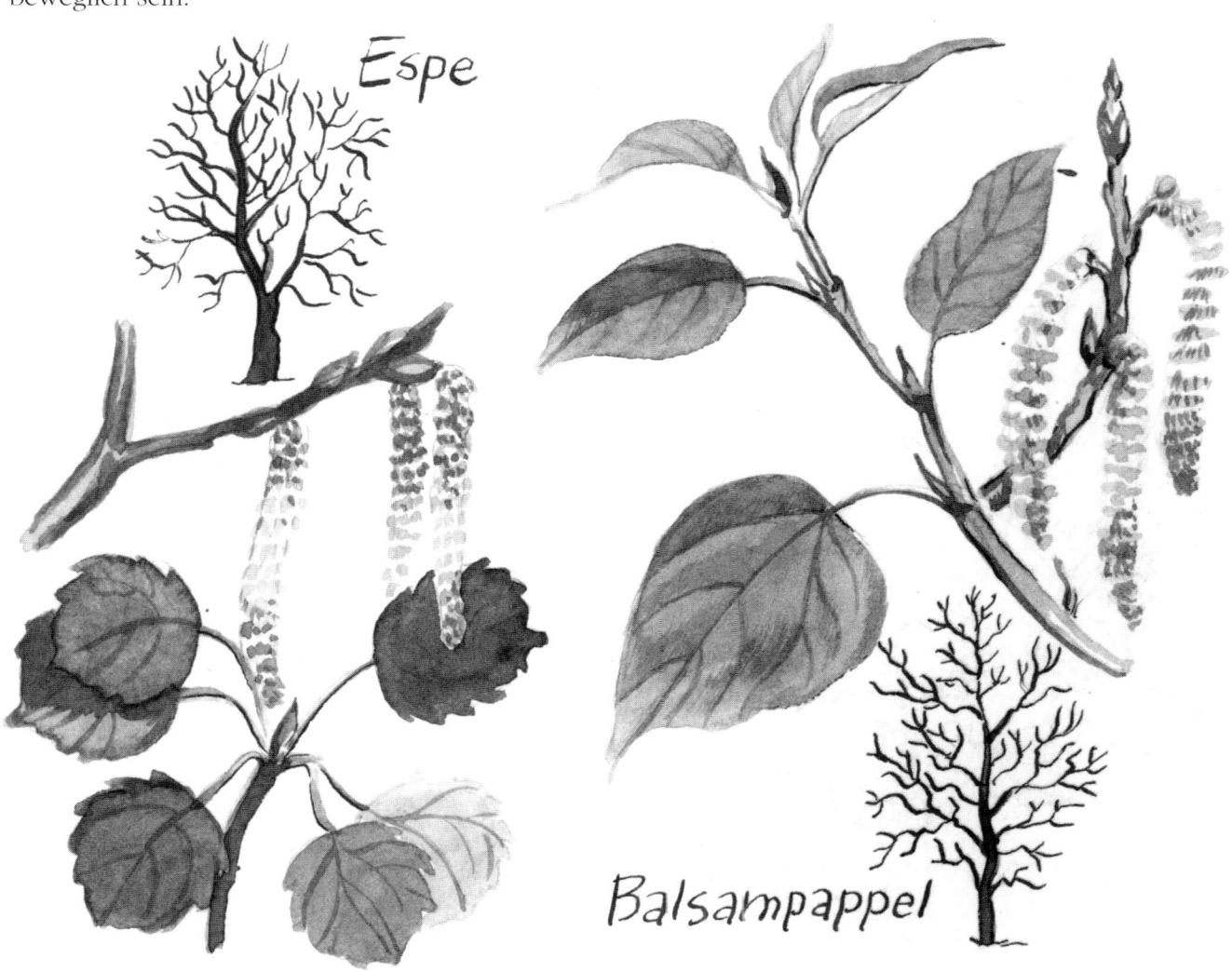

Espe

Balsampappel

Die Schafgarbe –
wundersames Heilkraut seit dem Mittelalter

◼ Einige allgemeine Merkmale

Die gemeine Schafgarbe (*Achillea millefolium*) ist eine ausdauernde, bis 60 cm hohe Pflanze, die fiederartige, duftende Blätter trägt. Von Juni bis Oktober zeigen sich die weißen, auf sauren Böden auch rosaroten, schwach duftenden Blütenstände, in denen zahlreiche fünfblättrige Blüten als endständige Schirmrispe zusammenstehen. Der kriechende Wurzelstock treibt im Frühjahr Ausläufer.

Schafgarbensaft kann bei empfindlichen Menschen Hautentzündungen hervorrufen, wenn die benetzte Stelle dem Sonnenlicht ausgesetzt wird.

◼ Verwendung

Als Wundheilungspflanze ist die Schafgarbe schon seit der Antike bekannt. Sie ist neben der Kamille das volkstümlichste Heilkraut. Hildegard von Bingen empfahl für die Behandlung von Schlagwunden Kompressen aus Schafgarbensud. Die zerquetschten Blätter stillen den Blutfluss bei Verletzungen. Daher wurde die Pflanze auch Soldatenkraut genannt. Noch während des Zweiten Weltkrieges wurden tausende von verletzten Soldaten mit der Pflanze behandelt. In der Zeit der Sommerernte wurde Schafgarbe gegen die arbeitsbedingten Kreuz- und Rückenschmerzen angewendet.

Die bis 20 cm langen Triebspitzen werden zu Beginn der Vollblüte für die Teezubereitung geerntet. Der Tee wirkt appetitanregend, verdauungsfördernd, gallen- und blähungstreibend. Er soll Hustenanfälle stoppen und wird bei Zahnfleischentzündungen als Gurgelwasser verordnet. Bei Krämpfen im Unterleib, besonders bei Menstruationsbeschwerden, wird das Kraut in Kombination mit Lavendel und Melisse als Tee oder Bad empfohlen. Im Frühjahr können die jungen Blätter, z. B. als Bestandteil eines Wildkräutersalates, in Suppen und Brotaufstrichen gegessen werden. Jedoch sollten sie sparsam verwendet werden, da sie einen herben Geschmack besitzen.

Gegen fettende Haare und Schuppenbildung hilft eine Wäsche mit Schafgarbentee, wofür 5 EL Schafgarbe mit $1/2$ l kochendem Wasser überbrüht werden (bitte $1/2$ Stunde ziehen lassen). Bei Ekzemen hilft ein Schafgarbenaufguss, der dem Badewasser beigegeben wird.

Die in der Pflanze enthaltenen Gerbstoffe wurden z. T. als Hopfenersatz dem obergärigen Gebräu zugesetzt. So entstand ein weiterer Name: Feldhopfen.

Ein Sekret der Schafgarbenwurzel soll die Krankheitsresistenz der umstehenden Pflanzen aktivieren und die Heilwirkung anderer Pflanzen verstärken.

■ Mythologie

Bis zum Mittelalter wurde sie als „Augenbraue der Venus" bezeichnet. Die griechische Göttin der Liebe, Aphrodite, verwendete sie nach der Überlieferung einst gegen eine Verletzung an der Ferse des Achilles, Sohn der Meeresgöttin Thetis, die er sich beim Kampf um Troja zugezogen hatte. So bekam die Pflanze ihren lateinischen Namen.

Früher glaubten junge Mädchen, dass sie im Traum ihren zukünftigen Geliebten sehen, wenn sie beim Zubettgehen die fein gefiederten Blättchen der Schafgarbe auf die Augenlider legten. Um die Treue ihres Liebsten zu prüfen, drehten junge Mädchen ein Schafgarbenblättchen dreimal in der Nase herum. Wenn sich Nasenbluten einstellte, war der Liebste ihr treu. Das kam jedoch häufig vor, denn am Ende jedes einzelnen Fiederblättchens steht eine winzige weiße Stachelborste, die die Nasenschleimhaut verletzen kann. Unter der Lupe ist die Borste gut zu erkennen.

Die Pflanze wurde als magischer Schutz vor Dieben, Blitzgefahr und bösem Zauber in Stall und Scheune gehängt. Hatte das Vieh eine gefährliche Augenverletzung, wurde sie besprochen und mit dem Schafgarbenkraut behandelt. Wenn das Kraut 8 Tage vor und 8 Tage nach Margaretha bei zunehmendem Mond ausgegraben wurde, sollte es Glück beim Spielen verleihen.

Die Druiden haben Schafgarbenstängel zur Wetterprognose genutzt. In China dienten sie der Zukunftsdeutung. Dabei warfen die Meister des „I Ging" 50 gleich lange Stängelsegmente und lasen mithilfe eines Buches über die Konstellationen der Stiele die Zukunft.

Wenn nach der Weihnachtszeit die Brotkrümel von der Tischdecke draußen auf den Erdboden ausgeschüttelt wurden, sollte dort am besten Schafgarbe gedeihen.

Das Zauberkraut des Rosenkobolds

In einem kleinen Dorf lebte eine junge, hübsche Frau, die wegen ihrer Fröhlichkeit und Verschwiegenheit bei vielen angesehen war. Aber die junge Silva fühlte sich trotz allem einsam. Sie wünschte sich einen Ehemann, der alle Freuden und Leiden des Lebens mit ihr teilte. Aber bisher hatte sie kein Glück. Schon befürchtete sie, dass ein Fluch auf ihr liegen würde und sie für immer allein bleiben müsse. Daher fragte sie die Kräuterfrau des Dorfes um Hilfe. Diese weise Frau gab ihr den Rat, sich in der Nacht der Sommersonnenwende frische Schafgarbenblätter auf die Augenlider zu legen. So könne sie ihren Zukünftigen im Traum sehen. Silva sammelte auf dem Heimweg von der Wiese frische Schafgarbenblätter und legte sie sich am Abend auf die Augenlider. Und tatsächlich träumte sie in der Nacht von einem jungen, kräftigen Mann mit braunem, lockigem Haar.

Als Silva beim nächsten Dorffest in die Runde der Tanzenden blickte, traute sie ihren Augen nicht. Ihr gegenüber stand der Mann ihres Traumes und blickte in ihre Augen. Und mehr noch! Er forderte sie zum Tanz auf. Noch am selben Abend verliebten sie sich ineinander. Von diesem Tag an trafen sie sich täglich, und wenn Reko einmal längere Zeit nicht bei Silva war, wurde sie vor Sehnsucht unruhig. Reko und Silva heirateten einige Monate später. Sie bauten sich mithilfe der Freunde und Familienangehörigen ein eigenes Gehöft auf. Nun fehlte es nur noch an einem Pferd, das den Pflug ziehen konnte.

Eines Tages wollte Reko in der nahe liegenden Stadt zum Pferdemarkt gehen, um sich ein gutes Tier zu kaufen. Silva wollte nicht allein zurückbleiben und so begleitete sie ihn.

Sie kauften ein kräftiges Pferd, auf dem die Beiden nach Hause ritten. Plötzlich scheute das Pferd, bäumte sich auf und Silva und Reko stürzten herab. Reko fiel mit dem Kopf auf eine Wurzel und verlor das Bewusstsein. Als Silva Reko reglos mit blutendem Kopf unter einer Heckenrose liegen sah, war sie verzweifelt und weinte bitterlich.

Da vernahm sie eine leise Stimme, die zu ihr sprach: „Tränen schließen nicht seine Haut, sieh dich um und nimm ein Kraut!"

Silva blickte sich erschrocken um, sah aber niemanden. Da bemerkte sie, wie sich eine große Rosengalle auf dem Heckenrosenstrauch bewegte. Plötzlich fiel die Rosengalle herunter und landete neben einer Schafgarbe, bevor sie weiter unter den Heckenrosenstrauch rollte. Oder hatte sie darunter Beinchen gesehen? War das etwa ein Rosenkobold gewesen? Von solch seltsamen Wesen hatte ihr einmal die Großmutter erzählt. Silva glaubte, von der davon eilenden Rosengalle ein leises Kichern zu hören.

„...nimm ein Kraut!", hörte sie wieder die Stimme wispern. Sie nahm die Blätter der Schafgarbe, neben die die Rosengalle gefallen war, und legte sie auf die stark blutende Wunde an Rekos Kopf. Die Wunde schloss sich recht schnell. Ein Windhauch wehte ein paar Rosenblütenblätter auf Rekos geschwollenes Auge und die Schwellung ging zurück. Sehr bald kam Reko zu sich. Nachdem Silva ihm von der sonderbaren Begegnung erzählt hatte, bedankte sich das junge Ehepaar bei der Heckenrose. Ganz in der Nähe stand das Pferd und ließ Schuld bewusst den Kopf hängen. „Dass das nicht noch einmal passiert!", sagte Reko und fasste energisch nach dem Zügel. Dann saßen sie beide wieder auf und ritten ohne weitere Störungen heim.

Der Wegerich – Heiler in der Not

Diese Staubfäden sind beim Spitzwegerich gelb, beim Breitwegerich weißlich und beim Mittleren Wegerich rosaviolett. Durch Wasser befeuchtet werden die Samenstände klebrig haften an Tieren und Menschen und werden so verbreitet.

Die Indianer nannten den Breitwegerich „Fußstapfen des weißen Mannes", da die Samen leicht an den Hufen der Weidetiere und den Schuhsohlen kleben blieben und so überall verbreitet wurden.

Der Breitwegerich unterscheidet sich deutlich vom Spitzwegerich durch seine breiten Blätter und seine langen, dichten Ähren.

◼ Einige allgemeine Merkmale

Der ausdauernde Wegerich kommt bei uns in drei Formen vor, als schmalblättriger Spitzwegerich (*Plantago lanceolata*), als breitblättriger Breitwegerich (*P. major*) und als Mittlerer Wegerich (*P. media*), der wegen des Schokoladenduftes seiner Blüten auch Schokoladenblume genannt wird. Aus dem Wurzelstock wächst eine grundständige Rosette, die gegenüber Trittbelastung sehr widerstandsfähig ist. Die Blätter haben an der Unterseite fünf Längsrippen. Aus diesem Grund wird Wegerich in der Schweiz Ripplikraut genannt. Wächst der Wegerich im Halbschatten, so richten sich seine Blätter auf. In praller Sonne bleiben jedoch die Blätter klein und legen sich flach auf den Boden. An einem blattlosen Stiel zeigt sich ein ähriger Blütenstand, aus dem die Staubbeutel zur Blütezeit weit heraushängen.

Verwendung

Schon im Mittelalter dienten die Fruchtstände als Vogelfutter. Der Saft vom Spitzwegerich wurde zu Hustenbonbons verarbeitet. So gibt es noch den Spruch: „Zupfe, zupfe Wegebreit, sonst musst du husten, wenn es schneit." Hildegard von Bingen empfahl die Wurzeln dieser Pflanze angebraten und warm aufgelegt gegen Gicht, Spinnenbisse und geschwollene Drüsen. Wegen seinen parallelnervigen Blattnerven wurde es von Heilern „Rippil" genannt und über gebrochene Rippen gelegt.

Der Tee aus Spitzwegerich wird heute bei Infekten der Luftwege (Husten, Heiserkeit, Bronchitis) und des Harnapparates empfohlen. Bei kleinen Schürfwunden, Brandblasen, Pickeln, Brennnesselquaddeln und bei Insektenstichen können zerquetschte Spitzwegerichblätter aufgelegt werden.

Bei Halsschmerzen werden frische Spitzwegerich-blätter zerschnitten und mit 2 Esslöffel Honig zu einem Brei vermischt. Bei Bedarf lässt man davon 1 TL voll im Mund zergehen.

Spitzwegerich ist auch essbar. Die jungen Blätter bereichern Suppen und Salate, die Blütenknospen schmecken wie rohe Champignons.

■ Mythologie

Heiler im Mittelalter verwendeten Spitzwegerich gegen Seitenstechen, da die Blätter so spitz waren. Dabei wurde dem Kranken empfohlen, das Kraut an einem Kreuzweg mit all seinen 77 Wurzeln auszugraben, diese 12 Stunden auf dem Rücken zu tragen und dann von einer Brücke in fließendes Wasser zu werfen. Dann schwimmt auch das Stechen weg. Auch sollten die spitzen Blätter vor Bienenstichen schützen.

Früher vermutete man, dass die heilkräftigen Wirkungen des Schmalblättrigen Spitzwegerichs nur bei Frauen und die Heilkräfte des Breitwegerichs nur bei Männern wirken würden.

Seit dem Mittelalter wurden die dicken Blattadern des Breitwegerichs als Orakel genutzt. Ein Blatt quer gefasst, kräftig und schnell abgerissen zeigt herausstehende Fäden. An der Anzahl dieser Fäden wurde früher die Anzahl der Liebhaber oder Liebster abgelesen. Heutzutage zählen Kinder daran ab, wie viele Kinder sie später einmal haben werden.

Die verletzte Pfote

Vor vielen Jahren bewohnte eine herzensgute Kräuterfrau mit ihrem Sohn eine kleine Kate am Rande eines Dorfes. Täglich baten Menschen um ihre Hilfe gegen die verschiedensten Schmerzen oder gegen einen bösen Fluch. Die Kräuterfrau half, wo sie nur konnte. Ihr Sohn Matthes unterstützte sie dabei tatkräftig, obwohl er gerade mal 9 Jahre alt war. Er lernte täglich das Wissen über die heilenden Kräfte der verschiedenen Kräuter und sammelte sie auch schon allein auf der Wiese hinter dem dichten, dunklen Wald. Matthes' Mutter liebte ihren Sohn über alles und behütete und bemutterte ihn sehr. Daher witzelte man im Dorf schon über Matthes, dass er eigentlich ein Mädchen sei und am Rockzipfel seiner Mutter hinge. Das stimmte den Jungen wütend und er war sich sicher, eines Tages würde er ihnen schon zeigen, dass er ein mutiger Junge war.

An einem schönen Frühsommertag erzählte man sich im Dorf, dass in dem alten Buchenmischwald gleich hinter dem Dorf angeblich ein tollwütiger Hund sein Unwesen treibe. Niemand aus dem Dorf wagte von nun an in den Wald zu gehen. Auch die Kräuterfrau verbot Matthes durch den Wald zur Wiese zu gehen, um Heilkräuter zu holen. Aber mit der Zeit waren die Vorräte an den verschiedenen heilenden Pflanzen aufgebraucht und Matthes' Mutter konnte den kranken Leuten kaum noch helfen. Daher schlich sich Matthes am nächsten Morgen ganz früh aus dem Haus, um doch die begehrten Kräuter zu holen.

Der Junge bewaffnete sich mit einem großen, kräftigen Stock und schritt forschen Schrittes durch den Wald. Hier und da nahm er schon einen neuen Vorrat an Spitzwegerichblättern mit. Als er schon fast die Hälfte des Weges geschafft hatte, knackte es neben ihm im Unterholz. Matthes drehte sich in die Richtung des Geräusches und blickte in die Augen eines großen, braunen Hundes. Der Hund heulte auf und fletschte die Zähne. Was nun, Matthes?

Das heulende Tier begann, den Buben zu umkreisen, dabei kam es immer näher. Matthes hatte Angst, aber er bemerkte auch, dass der Hund stark humpelte. Er nahm seinen Stock, der am Ende eine Astgabel trug, und hielt sich damit die Schnauze des Hundes vom Leib. Er ließ das Tier nicht aus den Augen und blieb ruhig und bedacht. Beruhigend sprach Matthes auf das Tier ein und ließ es an seiner Hand schnuppern. Er hatte noch ein wenig von seinem Frühstücksbrot dabei und gab es dem Hund. Da beruhigte er sich und legte sich winselnd nieder. Matthes entdeckte, dass am Hinterbein Blut herabrann. Der Hund war in eine Rattenfalle getreten. Er streichelte ihn und sagte: „Ach, du armes Tier! Das tut bestimmt weh!" Vorsichtig entfernte er die Falle, holte frisches Quellwasser und wusch die Pfote sauber. Dann legte er einen Brei aus zerquetschten Spitzwegerichblättern auf die Wunde und band sein Taschentuch fest darüber. Der Hund spürte sogleich die heilsame Wirkung des Verbandes und leckte Matthes die Hand. Dieser gab ihm den Rest des Quellwassers zu trinken, verabschiedete sich von dem Hund und marschierte zur Wiese, um Brennnesseln, Gänseblümchen, Wegerich, Schafgarbe, Kamille und Beinwell zu sammeln. Auf dem Heimweg bemerkte er, dass der Hund ihm folgte. Zu Hause angekommen, stellte er ihm eine Schale mit frischem Wasser vor die Tür. Bald darauf sah er durch das Fenster den Hund gierig das Wasser schlürfen. Matthes ging zu ihm und streichelte ihn. Von nun an lebte der Hund bei Matthes und der Kräuterfrau und bewachte deren Haus. Im Dorf bestaunte man Matthes' Mut und niemand verspottete ihn mehr.

Interessantes über Tiere

Feldhasen und Kaninchen – die hoppelnden Langohren

Feldhasen warten bis zum letzten Augenblick, bevor sie zur Flucht aufspringen und Haken schlagend weghoppeln.
(Foto: Peter Freudenberg)

■ Der schnelle Einzelgänger

Der Feldhase (*Lepus europaeus*) ist ein Einzelgänger mit angestammtem Revier, in dem er auf festen Wechseln (Wegen) läuft und sie pflegt, indem er Pflanzen direkt über dem Boden regelmäßig verbeißt. Die Wechsel sind verbunden durch eine größere Anzahl von 12 cm tiefen „Sassen" (Erdmulden), die er je nach Wind- und Wetterverhältnissen benutzt. Bei Annäherung einer möglichen Gefahr, z. B. eines Menschen, drückt sich der Feldhase dicht in eine solche Mulde. Wird der Abstand geringer als 3 m, springt er explosionsartig hoch und spurtet weg. Wenn ihm der Verfolger zu dicht auf den Fersen ist, wird ein bis 2 m weiter Seitensprung vollführt, wobei mitunter der Verfolger, z. B. ein Fuchs, übersprungen wird. Durch ständige Seitensprünge kann der Hase seinen Verfolgern oft entkommen. Jedoch wird ein Feind aus der Luft häufig zu spät wahrgenommen. Dann versucht sich der Hase ins Gebüsch zu retten. Auf der Flucht springt der Hase fast 2,7 m weit, 2 m hoch und kann 70 km/h erreichen. Ein Leistungssportler im 100-m-Lauf schafft gerade mal 36 km/h. Der Hase kann im Gegensatz zum Kaninchen weite Strecken rennen, schwimmen und klettern. Um über das Gras hinweg besser sehen zu können, stellt er seinen Körper auf die Hinterbeine, man sagt: „Er macht Männchen." Aber in der Regel verlässt er sich auf sein gutes Gehör. Bei Gefahr trommeln Hasen mit den Vorderfüßen auf die Erde.

■ Verliebte Boxkämpfe

Die Paarungszeit der Feldhasen beginnt Ende Januar und währt bis in den späten Hochsommer. Stundenlang bis tagelang hoppelt der Rammler hinter der Häsin her. Wenn er ihr zu nah kommt, schlägt sie ihn mit ihrer Vorderpfote und er schlägt zurück. Dabei werden Duftstoffe ausgetauscht, die die Bindung zwischen beiden festigen. Schließlich kommt es zur Hasenhochzeit. Bereits im Februar werden 60 % der Häsinnen fast gleichzeitig trächtig. Ein erneutes Trächtigwerden vor dem Gebären ist möglich. Nach 42 Tagen Tragezeit werden 1 bis 4 behaarte, Zähne besitzende und sehende Junghasen in ein oberirdisches Nest, weich gepolstert mit ausgezupften Bauchhaaren, abgelegt. Die gelbbraunen Junghasen haben keinen Geruch und drücken sich bei Gefahr eng an den Boden. So werden sie vom Fuchs nicht wahrgenommen, aber den Mähmaschinen entkommen sie oft leider nicht. Die Häsin sucht ihre Jungen nur einmal am Tag auf, um sie zu säugen. Dabei geht sie nur über Umwege und durch Seitensprünge zum Versteck, um durch ihren Geruch nicht Füchsen oder Mardern eine Spur zu legen. Das einmalige Säugen reicht aus, da die Milch 6-mal fetter ist als menschliche Muttermilch. Mitunter greifen Hasen sogar Feinde der Jungen, z. B. Katzen an und schlagen sie in die Flucht. Oder sie stellen sich dem Räuber als Köder zur Schau, um von den Jungen abzulenken. Die Jungen bleiben unbewegt in ihrem Versteck sitzen. Wenn also auf der Wiese Junghasen gefunden werden, bitte nicht anfassen! Sie sind in der Regel nicht verlassen, die Haseneltern sind in der Nähe.

Häschen in der Grube

Alter: ab 5 Jahren

Hasen haben keinen Bau. Sie ruhen sich in kleinen Erdmulden, so genannten Hasensassen aus.
Jedes Kind baut sich eine „Hasensasse", indem das Gras so hinunter gedrückt wird, dass eine Kuhle entsteht. Dann hocken sich alle in ihre „Hasensasse".
Alle schweigen, nur die Spielleitung spricht:
„Ihr seid Hasen und habt einen Jäger gehört. Macht euch so klein wie möglich. Vertraut auf eure Tarnung. Seid ruhig. Schließt die Augen und lauscht den Geräuschen. (Pause)
Der Jäger ist fort und ihr könnt entspannen. (Pause)
Riecht die verschiedenen Düfte. (Pause)
Spürt die Wärme eurer Sasse. (Pause)
Macht es euch gemütlich und ruht euch aus."
(5 Minuten).

Variante:

Aus der voraus gegangenen Meditationsübung kann auch ein Fang- und Versteckspiel werden. Eine Person wird zum Fuchs bestimmt. Die anderen sind die Hasen und sitzen in ihren Sassen. Nähert sich der Fuchs bis auf drei Schritte einer Sasse, springt der Hase auf, rennt Haken schlagend weg und sucht eine neue Sasse. Wer vom Fuchs gefangen wird, ist nun selbst der Fuchs und muss Hasen jagen.

■ Die geselligen Erdbewohner

Kaninchen (*Oryctolagus cuniculus*) leben im Gegensatz zu Hasen gesellig in Familien bis zu 25 Tieren in labyrinthartigen Bauen, die bis 3 m tief in den Boden gehen können. Sie verlassen erst in der Dämmerung und nachts ihren Bau, da sie viele Feinde (u. a. Fuchs, Dachs, Greifvögel, Katze) haben. Bei Gefahr trommeln sie vor ihrer Flucht mit beiden Hinterläufen stark auf den Boden, um andere Kaninchen zu warnen. Dann hoppeln sie in ihren Bau. Dabei können sie kurzzeitig 40 km/h erreichen. Das Revier einer Familie hat um den Bau herum einen Radius von etwa 80 m. Sie verlassen ihre festen Wechsel nur selten. Bei den Kaninchen sind 5 bis 7 Würfe im Jahr mit je 5 bis 6 nackten, tauben und blinden Jungen möglich, die in den Erdbauten ein paar Wochen bleiben. Die Jungen sind schon mit 4 Monaten geschlechtsreif. Bei Hasen wird die Geschlechtsreife erst mit 12 Monaten erreicht. Die Kaninchenmutter bleibt ständig bei den Jungen und zieht sie im Gegensatz zum Hasen ohne Hilfe des Vaters groß. Kaninchenmütter kümmern sich nicht um fremde Kaninchenkinder. Häsinnen dagegen füttern auch ein im Gras verborgenes fremdes Hasenjunges. Pro Jahr sterben 80 % der Jungtiere und 20 % der Alttiere.

Hasen können maximal 12 Jahre, Kaninchen 9 Jahre alt werden.

Hasen und Kaninchen wählen sich ihre Nahrung mithilfe des guten Geruchssinnes aus. Im Sommer fressen sie vorwiegend grüne Pflanzenteile und im Winter Knospen, Rinde, Samen und dünne Zweige. Auch Pilze, Beeren, Schnecken und Würmer stehen auf ihrem Speiseplan. Nach der Nahrungsaufnahme ziehen sich Kaninchen in ihren Bau zurück. Dort scheiden sie weichen Kot aus, der noch einmal gefressen wird und nun besser verdaulich ist.

■ Hase oder Kaninchen?

Wenn ein Langohr vor uns über den Weg hoppelt, beginnt häufig das Rätselraten: War es ein Hase oder ein Kaninchen? Der bis 5 kg schwere Hase trägt im Unterschied zum bis 2 kg schweren Kaninchen an seinen langen Ohren schwarze Ohrspitzen. Die Kaninchenohren sind kürzer als der Kopf, beim Hasen ist es umgekehrt. Der 10 cm lange Schwanz, der in der Jägersprache „Blume" heißt, ist schwarz, aber unten leuchtend weiß und dient vor allem in der Paarungszeit als Signalorgan. Bei der Flucht hält der Hase seinen Schwanz nach unten, jedoch beim Kaninchen wippt der Schwanz hin und her, sodass die weiße Blume aufblitzt. Die Hinterbeine des Hasen sind im Gegensatz zu denen des Kaninchens viel länger als die Vorderbeine.

■ Schmusetier oder Lieferant von Fleisch, Leder und Fell

Kaninchen lebten ursprünglich nur in Nordwestafrika und Spanien. Im damaligen Hiberia, heute Spanien, waren Kaninchen so zahlreich, dass das Land „Karnickelland" genannt wurde und auf den Münzen Kaninchen abgebildet wurden. Seit dem Altertum wurden sie überall in Europa ausgesetzt. In Australien wurden Mitte des 19. Jahrhunderts zwei Dutzend Kaninchen zu Jagdzwecken eingeführt, die sich bis 1988 auf 200 Millionen Tiere vermehrten. Die dann um 1950 eingeführte Viruserkrankung Myxomatose, die zu Blindheit führt, sollte die Kaninchenflut stoppen.

Wegen ihres zarten Fleisches und ihrer weichen Felle wurden Kaninchen im Mittelalter von französischen Mönchen domestiziert, die sie mit Fleisch und Fell versorgten. Auch heute sind Kaninchenbraten besonders als Weihnachtsbraten sehr beliebt. Aus dem Fell werden Kleidungsstücke und aus den Haaren Filzhüte hergestellt. Aus der Hasenhaut wird sehr feines Leder gewonnen.

■ Die Herkunft der Osterhasen und glücksbringenden Hasenpfoten

Bei den germanischen Stämmen wurde der für seine Fruchtbarkeit bekannte Hase mit der germanischen Erd- und Frühlingsgöttin Ostara in Verbindung gebracht. Hier gibt es eine Vermischung mit dem Osterfest der christlichen Religion. Es ist seit dem Jahr 1582 nachweisbarer Kinderglaube an Rhein und Neckar, dass der Osterhase bunte Eier bringt.

Der Hase soll auch Symboltier der griechischen Göttin Aphrodite und der germanischen Göttin Holda gewesen sein. Beide Göttinnen wurden stets von Hasen begleitet. Holda ließ sich von Hasen bei nächtlichen Wanderungen die Lichter voraustragen.

Da Hasen mit offenen Augen geboren werden und nachtaktiv sind, wurde das Tier von den Ägyptern dem Mond geweiht. Die Kelten sagten dem Hasen magische Kräfte beim Wahrsagen nach. In Irland glaubte man, die Seelen von Verstorbenen würden in Hasen weiterleben. In manchen Familien wurden Hasen daher nicht gegessen.

Hasenpfoten galten und gelten als Glückbringer oder Talisman. Sie werden beim Wettkampf oder im Glücksspiel getragen, mit ihnen wurde Neugeborenen über ihre Stirn gestreichelt oder sie wurden gegen böse Geister aufgehängt. In Britannien sagte man dem Hasen den bösen Blick nach und man konnte sich nur davor schützen, indem man den Hinterlauf eines Tieres besaß und bei sich trug.

Kaninchen

Hasen

Die Feldmaus – begehrter Plagegeist

■ Verräterische Gänge und Löcher

Die bis 10 cm lange Feldmaus (*Microtus arvalis*) gehört zu den Wühlmäusen und trägt im Gegensatz zu den Echten Mäusen, wozu unsere Hausmaus gehört, nur einen kurzen, 3 bis 4 cm langen Schwanz und kaum aus dem Fell herausragende Ohren. Unsere 10 cm lange Hausmaus besitzt dagegen einen 9 cm langen Schwanz und gut sichtbare Ohren.

Feldmäuse leben in dicht unter der Oberfläche gegrabenen Gangsystemen mit Nest- und Vorratsräumen sowie mehreren Öffnungen. Auf der Erdoberfläche ist ihre Anwesenheit durch Wechsel, durch etwa 3,5 cm breite Löcher und an den Eingängen abgelegtem Futter und Kot erkennbar. Die Nester liegen maximal 50 cm tief unter der Erdoberfläche. Im Winter werden die Nester und die Gänge sogar direkt unter dem Schnee im Gras angelegt. Die Gangwände werden mit zernagtem Gras ausgekleidet. Wenn der Schnee schmilzt, bleiben im Boden tiefe, grasgefüllte Rinnen zurück, die wie Adern kreuz und quer über die Wiese verlaufen.

Feldmäuse können gut laufen, klettern und schwimmen. Sie ernähren sich von Kräutern, Gräsern, Samen, Wurzeln und Baumrinde. Bei ihrer Nahrungssuche lassen sie sich von ihrer Nase leiten. Mäuse senden Ultraschallrufe aus, mit denen sie sich in den unterirdischen Gängen untereinander verständigen können, ohne von Feinden gehört zu werden. Die bewegungsfreudigen Tiere haben einen 2- bis 3-stündigen Ruhe- und Bewegungsrhythmus. Ihr Aktionsradius kann weit über 500 m um den Bau herum betragen. Meist werden sie nur 4 Monate, max. $1^1/_2$ bis 4 Jahre alt.

Etwa 20 verschiedene Feinde haben jeweils eigene Jagdtechniken entwickelt, sodass die Mäuse nirgends sicher sind. Am Tag jagen Mäusebussard, Rotmilan, Wiesenweihe, Krähe, Dohle, Fuchs, Hermelin und Wiesel nach den Nagern, und nachts müssen sie sich vor Waldohr- und Schleiereule, Waldkauz, Dachs, Fuchs, Iltis und Marder in Acht nehmen. Gelegentlich werden sie auch von Storch, Kolkrabe, Wildschwein und Graureiher gefressen. Waldmäuse folgen den Feldmäusen in sandige Gebiete. Sie graben ungern selbst und

nehmen deshalb gerne fertige Feldmausbaue an. Manchmal leben sie auch gemeinsam mit den rechtmäßigen Besitzern im Bau. Dabei werden sie von denen weitgehend geduldet, da sie weniger Getreide, sondern mehr Kräuter und Insekten fressen. Jedes Feldmausweibchen hat einen eigenen Bau, den es verteidigt.

■ Geschlechtsreife Säuglinge

Die Feldmaus kann sich das ganze Jahr über fortpflanzen, bevorzugt aber die Monate März bis September. Nach 16 – 24 Tagen Tragezeit werden drei bis sechsmal im Jahr meist 4 bis 7 blinde, nackte, 2 g schwere Junge geboren. Sie sind mit 21 Tagen selbstständig, aber die Weibchen sind schon nach 12 Tagen geschlechtsreif. So kommt es vor, dass die noch gesäugten, 7 g schweren Jungweibchen durch die bis 40 g schweren Männchen gedeckt werden. Alle 4 Jahre kann es zu einer Massenvermehrung kommen. Durch Stress und Seuchen bricht die Population dann zusammen.

■ Die Legende von den Mäusen als Verbündete der Hexen

Bei den slawischen Völkern waren Feldmäuse ein Indiz für die Anwesenheit von Waldgeistern. Im christlichen Europa vermutete man in Mäusen und Ratten Verbündete von Hexen und Zauberern. Ihre Vermehrungsfreudigkeit trug ihnen im Alten Ägypten den Ruf ein, sie würden direkt aus dem Nilschlamm gezeugt. Auch die Alten Griechen glaubten, Mäuse entstünden aus dem Dreck in den Häusern und den Schiffen. Und dennoch wurden in Griechenland Mäuse in Tempeln zu Ehren Apollos, Gott des Ackerbaus und der Viehzucht gehalten, um mit ihnen die Götter zu befragen. Außerdem galt ihnen die Maus als Symbol für Zärtlichkeit und Sinnlichkeit. Das findet sich

noch heute im Kosewort „Mäuschen" für die Liebste oder für kleine Kinder.

Bei den Römern schmierten Frauen ihre Ehemänner mit Mäusekot ein, um ihre Ausschweifungen zu zügeln. Hildegard von Bingen (1098 – 1179) glaubte, dass Mäuse ein Mittel zur Heilung von Epilepsie seien. Ebenso sollten sie gegen Kropf, Kahlheit, Schlangenbisse, Verstopfung und den Grünen Star helfen. Im Mittelalter galten Mäuse und Ratten als Vorboten und Träger von Pest, Flecktyphus und Tollwut. Heute wissen wir, dass die auf den Nagern lebenden Flöhe und Zecken die eigentlichen Überträger dieser Krankheiten sind. Also solche in der Natur lebenden Tiere nicht anfassen!

Welche Maus ist schneller?

Material: 2 Kriechtunnel
Anzahl: ab 2 SpielerInnen
Alter: ab 4 – 7 Jahren

Das Leben der Mäuse ist häufig durch Wettbewerbe nach dem Motto „Welche Maus ist schneller?" bestimmt. Das betrifft zum einen das schnellere Erreichen von Futterquellen, und zum anderen das schnelle Bemerken von Raubfeinden.

Zwei Kriechtunnel werden mit ca. 30 cm Abstand gegenüber aufgestellt. In der Mitte liegt die beliebte Nahrung für die Mäuse – das Korn (hier ein Gummibärchen o. Ä. auf einem Tuch).

Am jeweiligen Tunnelanfang hocken zwei Kinder mit verbundenen Augen, denn Mäuse können in ihren unterirdischen Gangsystemen natürlich nichts sehen.

Auf ein Zeichen krabbeln die Kinder in ihrer Röhren bis zum Ende und suchen dort fühlend nach dem Gummibärchen. Die „Maus", die das „Korn" erwischt hat, darf dieses „fressen".

Der Fuchs – Mäusejäger mit schlechtem Ruf

Die neugierigen jungen Füchse verlassen selbst am Tag den schützenden Bau,
allerdings passt die Füchsin in der Nähe auf.
(Foto: Peter Freudenberg)

◼ Füchse lieben Mäuse

Der Rotfuchs (*Vulpes vulpes*) wiegt 4 bis 7 kg. Was er erbeutet, ist höchstens so groß wie er selbst. Er jagt in der Dämmerung und nachts, dann meist Mäuse (65% der Nahrung), aber auch Kaninchen und Hasen. Er bevorzugt kranke Tiere und dient der Natur damit als Müllabfuhr und Gesundheitspolizei. Manchmal erbeutet er auch Vögel, ihre Eier, Fische, Rehkitze, Frösche, Reptilien oder auch einmal ein Haushuhn. Sonst frisst er noch Aas, Abfälle, Regenwürmer, Schnecken, Getreidekörner, Beeren, Insekten, Spinnen und Obst. Wenn der Fuchs eine Maus entdeckt, springt er mit allen vier Beinen gleichzeitig auf sie, packt sie und schüttelt sie tot. Nach 10 bis 15 Mäusen ist er zunächst gesättigt und ruht sich in seiner Höhle aus. In mäusereichen Jahren ernährt sich der Fuchs bis zu 96 % von Mäusen. Wie ein Hund vergräbt auch der Fuchs Nahrung, die er nicht mehr aufzufressen schafft.

◼ Dauerehe und feste Territorien

Füchse bewohnen ein festes Territorium, dessen Größe vom Nahrungsangebot abhängt. Oft lebt nur ein Paar auf 4 km². Sie sind ortstreu und leben meist in Dauerehe. Bei erhöhter Bejagung oder Verlust des Partners gehen sie auf Wanderschaft. Füchse werden in der Natur etwa 7 Jahre, in Gefangenschaft sogar 15 Jahre alt. Über 40 verschiedene Lautäußerungen können sie von sich geben, z. B. Kläffen, Knurren, Kreischen, Winseln. Durch ihre vielfältige Fortbewegung wie ausdauerndes Laufen, Schnüren (Schleichgang) und Schwimmen sind sie gute Jäger.

Rotfüchse wohnen in Erdhöhlen. Die Bauten können jahrzehntelang benutzt werden und besitzen dann mitunter dreißig Ein- oder Ausgänge. Oft bewohnt der Fuchs auch Dachsbauten, manchmal auch gemeinsam mit den Dachsen, um nicht selbst graben zu müssen. Die Temperatur in der Höhle ist während des gesamten Tages konstant. Füchse haben auch Feinde. Vor allem die Jungtiere werden gejagt von Wolf, Luchs, Adler und Uhu. Der größte Feind ist aber der Mensch, der die Füchse für die Verbreitung der Tollwut verant-

wortlich macht und sie deshalb systematisch bekämpft. Durch gezielte Schluckimpfung über ausgelegte Köder sind inzwischen jedoch schon weite Teile Westeuropas tollwutfrei geworden.

Das Fell des Fuchses war und ist noch immer beim Menschen sehr begehrt. Daher stellt der Fuchs ein beliebtes Jagdobjekt dar. Füchse wenden auch Tricks an, um den Jägern zu entkommen. Werden sie von Hunden gehetzt, laufen sie nämlich mitunter auf ihrer eigenen Spur zurück.

■ Veilchendüfte zur Hochzeit

Ende Dezember bis Anfang Februar gehen die Rüden (Männchen) auf Brautschau. Der Fuchs besitzt eine so genannte „Veilchendrüse" am Schwanzansatz, aus der in der Paarungszeit direkt auf den Schwanz der Veilchenduft abgegeben wird, um die Weibchen anzulocken. Hat sich ein Paar gefunden, so bleiben sie oft lebenslang zusammen. 55 Tage nach der Paarung werden 4 bis 7 zahnlose, grau gefärbte, blinde Jungen in den Erdhöhlen geboren. Die Ohren der neugeborenen, erst 100 g wiegenden Füchse sind noch verschlossen. Das Muttertier versorgt die Kleinen mit Milch und Wärme. Nach 14 Tagen können die Jungtiere schon feste, aber von den Eltern vorgekaute Nahrung zu sich nehmen, die auch der Rüde mit beschafft. Erst mit 4 Monaten können sich die Jungtiere selber versorgen. Ab August löst sich der Familienverband auf und die männlichen Jungtiere gehen auf Wanderschaft. Weibliche Jungtiere können im Revier der Fehe (Füchsin) bleiben, jedoch werden sie dann von ihr daran gehindert, sich fortzupflanzen.

■ Mythologisches vom Fuchs

Der Fuchs taucht oft als Hauptfigur in Geschichten, Märchen und Fabeln auf. Sein vielfältiges Verhalten trug ihm den Ruf der genialen Verschlagenheit und seine große Anpassungsfähigkeit den Ruf der trügerischen Klugheit und Listigkeit ein. In der germanischen Mythologie kommt die Seele von sehr listigen Menschen in Fuchsgestalt wieder auf die Erde zurück.

Im deutschen Sprachraum bringt zu Ostern nicht nur der Hase die bunten Eier. So versteckt sie in Oberbayern und Österreich der Hahn und in Thüringen der Storch. In Hannover bringt der Fuchs die so genannten „Vosseier".

Auf Grund der jahrhundertealten Tradition der Fuchsjagd rankt sich um „Meister Reineke" viel Jägerlatein. So wird zum Beispiel berichtet, dass er sich mitunter auf eine Wiese legt und tot stellt, um heraneilende Krähen zu fangen und zu fressen.

Bei den Germanen wurde der Fuchs nur „Langschwanz" oder „Holzhund" genannt. Seinen Namen zu nennen, war wie bei dem des Teufels verpönt, um ihn und das damit verbundene Unheil nicht herbei zu rufen. Er galt nämlich als Hexentier und (Un-)Wettermacher.

Der Fuchs als Heiler

Jeden Tag erfreute sich der junge Bauer Jacob bei seiner Arbeit auf dem Feld und auf den Wiesen an dem bunten Treiben der Tiere. Er summte zusammen mit den Hummeln ein Frühlingslied, wenn er im März das Getreide aussäte. Im Juni bei der Wiesenmahd tollten kleine Fuchskinder zu seinen Füßen herum und im Oktober bei der Kartoffellese winkte er den Gänsen nach, die über ihn hinweg in den Süden zogen.

An einem schönen Augusttag schwang der Bauer kräftig die Sense, denn er wollte mit der Wiese noch vor Sonnenuntergang fertig werden. Es dämmerte schon. Von der Stirn des Bauern rann der Schweiß. Plötzlich bemerkte Jacob einen jungen, rotbraunen Fuchs in der Ferne. Er hielt mit der Arbeit inne, um das Tier nicht zu verscheuchen. Dann sah er, wie Reineke mit allen Vieren gleichzeitig in die Höhe sprang. Das sah lustig aus. Jacob verbiss sich das Lachen und bewegte sich nicht, um den Fuchs nicht zu erschrecken. Dann sah er, dass der Fuchs eine Maus verspeiste. Und da! Schon wieder hatte er eine gefangen. „So ein fleißiger Mäusejäger", dachte er, „der wäre eine gute Hilfe gegen die Mäuseplage auf meinen Getreidespeicher." Immer dichter kam der Fuchs an den Bauern heran. Beim nächsten Sprung jaulte der rotbraune Mäusefänger plötzlich laut auf. Jacob sah, dass er sich an einem Hinterfuß beleckte und stark humpelte. Eine Scherbe war ihm zum Verhängnis geworden. Aber was war das? Der Fuchs humpelte gezielt zu einer Pflanze, legte seine Pfote darauf ab und fraß nebenbei von Gänseblümchen. Nach einer Weile trottete er davon und die Wunde schien schon ein wenig geheilt zu sein. Der Bauer betrachtete neugierig dieses wundersame Heilkraut und stiefelte heimwärts, um seiner Familie von diesem schönen Erlebnis zu berichten.

Am nächsten Tag schwang er wieder den ganzen Tag die Sense, um seine Wiesen zu mähen. Die Sonne brannte herunter und Jacob war weitab mit seinen Gedanken. Plötzlich stieß die Sense gegen einen großen Feldstein, wurde zurückgeschleudert und verletze seine linke Wade. Jacob schrie vor Schmerz auf und musste sich erst einmal ins Gras setzen. Er war allein, was sollte er jetzt machen? Da fiel ihm der Fuchs ein, der sich mit einer bestimmten Pflanze selbst geholfen hatte. Der Bauer suchte diese Pflanze und legte sich die zerquetschten Blätter auf seine Wunde. Und wirklich, es hörte auf zu bluten und ihm ging es gleich besser. Von den Gänseblümchen pflückte er Blüten und Blätter und kochte sich zu Hause davon einen heilenden Tee. Nach ein paar Tagen konnte Jacob dank der Heilkräuter wieder arbeiten gehen. Die Pflanze, deren Blätter so schnell kühlend geholfen hatten, nannte er Wegereich, da sie reichlich entlang der Wege wuchs. Und wenn der Bauer oder eines seiner Kinder mal wieder eine kleine Verletzung hatten, waren Gänseblümchen und „Wegereich" überall vorhanden. Aus dem „Wegereich" wurde „Wegerich". Die heilenden Blätter trägt er auch heute noch.

Die Goldammer – goldgelber Frühlingsverkünder

◼ Sprachprobleme

Zitronengelb leuchten Kopf und Unterseite des Goldammer-Männchens (*Emberiza citrinella*). Daher heißt er auch mancherorts im Volksmund „Bauernkanari". Die Weibchen sind nicht so intensiv gefärbt, tragen aber wie die Männchen einen rostroten Bürzel. Goldammern sind etwas länger als Spatzen und haben einen längeren Schwanz als diese. Den bekannten Ruf der Männchen: „Zi, zi, zi, zi ... dääh" hört man ab Februar oft auf Feld und Wiese von weithin sichtbaren Singwarten aus. Im Gegensatz zu den meisten Singvögeln singen sie bis zum Spätsommer oder sogar noch im Herbst. Im Volksmund wird der Gesang übersetzt mit „Wie, wie, wie hab ich dich lieb". Wie wir Menschen im Sprachgebrauch verschiedene Dialekte ausbilden, so findet man auch bei den Goldammern verschiedene Dialekte in verschiedenen Regionen. Also kann es durchaus sein, dass eine bayrische Goldammer Verständigungsschwierigkeiten mit einer Berliner Goldammer hat. Goldammer-Weibchen bevorzugen sogar die Männchen aus „ihrer" Sprachfamilie. Der Nachwuchs erlernt im Nest den ortsüblichen Dialekt. Die Sprachgrenzen können Ornithologen bis auf wenige 100 Meter genau bestimmen. Sie verändern sich kaum, da Goldammern sehr ortstreu sind.

◼ Steine zur Ernährung

Im Februar werden die Reviere von den Männchen besetzt. Bald darauf erfolgt die Paarung. Ab April befinden sich dann auf den Wiesen die gut versteckten napfförmigen Nester aus Grashalmen und Blättern mit 4 bis 5 weißen, grau oder braun gefleckten Eiern. Nach dem Schlüpfen der Jungvögel fressen die Elternvögel die Eierschale und einige Tage lang auch den Kot der Kleinen. Später wird der Kot in eine Schleimhülle verpackt und weggetragen, um durch den Geruch keine Nesträuber anzulocken. Der Nachwuchs wird vorwiegend mit Schmetterlingsraupen und kleinen Spinnen gefüttert. Nach 14 Tagen verlassen die Jungtiere das Nest und verschlucken kleine Steinchen, mit denen die pflanzliche Kost, von der sie sich zukünftig ernähren, im Magen zerrieben werden kann. In der Regel erfolgen zwei Bruten im Jahr. Die meisten der heimischen Goldammern überwintern bei uns. Dann ziehen sie in gemischten Schwärmen mit Finken und Sperlingen zusammen durch die Landschaft auf der Suche nach Futter, in erster Linie nach Sämereien. Die Goldammer wurde vom Naturschutzbund Deutschlands zum „Vogel des Jahres 1999" bestimmt. Sie wird, wie die für ihren Gesang bekannte Feldlerche (Vogel des Jahres 1998) auf Grund der intensiven Landwirtschaft seltener. Diese Vögel benötigen eine abwechslungsreiche Landschaft mit Büschen und Hecken und vor allem Ruhe während der Brutphasen.

Eierdiebe

Material: pro Paar 2 Tischtennisbälle und. 1 naturfarbenes Strohkörbchen (Δ ca. 10 cm), Bestimmungsbuch, wasserfeste Farbstifte

Anzahl: ab 6 SpielerInnen

Alter: ab 6 Jahren

Die Spielleitung zeigt vor dem Spiel Abbildungen aus einem Bestimmungsbuch wie Goldammern, ihre Nester und Eier aussehen. Wenn auf der Wiese alte Vogelnester vom letzten Herbst entdeckt werden, kann daran die Bauweise der Nester und die Verwendung des Nistmaterials begutachtet werden.

Die SpielerInnen bilden Paare. Jedes Paar spielt Goldammereltern und bekommt von der Spielleitung jeweils eine Wiesenfläche (ca. 7 x 7 m) zugewiesen, in der sie später ihr Nest verstecken sollen. Mit den Materialien, die sie auf dieser Fläche finden, wird nun von allen Paaren je ein Vogelnest (evtl. mithilfe eines Körbchens) gebaut.

Jedes Paar bekommt zwei Tischtennisbälle als Vogeleier. Diese erhalten mit den Farbstiften eine Tarnfarbe und werden ins Vogelnest gelegt.

Nun werden die Nester in den jeweiligen Spielflächen versteckt. Dabei dürfen sie weder hoch auf Bäume gelegt noch bedeckt werden.

Die Spielleitung ruft alle in einen Kreis zusammen.

Nun werden die SpielerInnen Elstern, die das Nest des jeweiligen Nachbarn (Wechsel z. B. im Uhrzeigersinn) plündern. Sie haben dafür 1 Minute Zeit.

Die „Räuber" suchen das Nest, entnehmen ein „Ei" und kommen wieder zusammen.

Welche Elster hat zuerst das Ei gefunden? Wurden alle Eier gefunden? Wenn nicht, begeben sich alle SpielerInnen in die Spielgebiete und suchen gemeinsam die noch nicht gefundenen Nester. Warum wurden sie nicht gefunden, wie sind sie gebaut?

■ Beethoven und die Goldammer

Die Melodie des Goldammergesanges ähnelt der 5. Sinfonie von Beethoven („Schicksalssinfonie"). So lässt sich der Gesang leicht einprägen. Es wird auch angenommen, dass sich Beethoven von der Goldammer inspirieren lies.

Die Goldammer wurde in früheren Jahrhunderten als Delikatesse gegessen. Dafür wurde sie mit Netzen gefangen, in Käfigen gehalten und gemästet. Oder sie wurde mit Schlingen und Gewehr gejagt. Das Erscheinen von Goldammern diente auch als Orakel. So wurde eine gute Ernte vorausgesagt, wenn um Georgi (23. April) herum eine Goldammer im Weizenfeld entdeckt wurde.

Auf Grund seines goldgelben Gefieders sollte der Vogel nach dem Volksglauben im Mittelalter in der Medizin von Nutzen sein. So wurde behauptet, dass man zur Heilung von der Gelbsucht nur eine Goldammer anzusehen brauche. Dabei würde dann der Vogel mit dem gelben Gefieder die Krankheit übernehmen und müsse sterben, während der Mensch gesund würde.

Grillen und Heuschrecken –
unsere kleinen Wiesenmusikanten

Das Große Heupferd beeindruckt mit seinen 4 cm Länge nicht nur die Kinder.

◼ Zirpende Räuber

Bienen, Wespen, Käfer und Zikaden geben nur relativ leise Töne von sich. Die lautesten unserer kleinen, tagaktiven Wiesenmusikanten sind Heuschrecken, Grashüpfer und Grillen. Die Grillen und die Heuschrecken gehören zu den Langfühlerschrecken, besitzen also Fühler, die meist länger als ihre Körper sind. Sie erzeugen schwirrende Töne durch Aneinanderreiben ihrer Vorderflügel, die sie mit ihren eigenen Ohren an den Vorderbeinen auch wahrnehmen können. Sie ernähren sich von Insekten und Pflanzen. Die von ihnen gelegten Eier überwintern. Eine Ausnahme bilden hierbei die Grillen. Deren Larven graben sich zum Überwintern in die Erde ein. Die häufigsten Heuschreckenarten sind grün. Ihr be-

kanntester Vertreter ist das grüne Große Heupferd, das eine Körperlänge von 4 cm erreicht und auch auf Bäume klettert. Die Heuschrecken bewegen sich, wenn sie nicht beunruhigt werden, schreitend fort.

Die 2 bis 2,5 cm große Feldgrille (*Gryllus campestris*) ist glänzend schwarz und an der Innenseite ihrer Hinterschenkel blutrot gefärbt. Im Mai und Juni ertönt ab 9 Uhr früh bis in die Nacht der zirpende Gesang der Männchen, um Weibchen aus bis zu 10 m Entfernung anzulocken. Dabei reiben sie die mit Zähnen besetzte Schrillkante des einen Vorderflügels quer über die scharfkantige Schrillleiste des anderen Vorderflügels. Durch ein spezielles Resonanzfeld auf den Flügeln werden klare Töne erzeugt. Werden sie gestört, ziehen sie sich in ihre 40 cm langen und 30 cm tiefen Erdgänge zurück. Wenn man einen Grashalm hineinschiebt, verbeißen sich die Grillen oft im Halm und man kann sie aus ihrer Höhle herausziehen, um sie sich anzuschauen (Lupendose). Die Larven der Feldgrille leben gesellig unter Steinen.

■ Farbwechsel wie ein Chamäleon

Die Grashüpfer gehören zu den Kurzfühlerschrecken, die höchstens halb körperlange Fühler haben. Sie erzeugen abgehackte Zirptöne, indem sie ihre Hinterbeine am Vorderflügel entlang streifen. Jede Art der Feldheuschrecken zirpt anders. Die Weibchen hören die Gesänge über ihre Ohren, die sie an beiden Seiten des ersten Hinterleibssegmentes tragen. Grashüpfer sind in ihrer Färbung hervorragend ihrer Umgebung angepasst. Sie können sich bei der Häutung durch Farbwechsel dem Untergrund sogar angleichen. Um ihre Feinde zu verwirren, zeigen sie beim plötzlichen Aufspringen manchmal rote oder blaue Flügel (Blauflügelheuschrecke, Rotflügelschrecke). Manche Arten sollen das 200fache ihrer eigenen Körperlänge weit springen können.

■ Mundwerkzeuge, die wie eine Schere schneiden

Die Nahrung der Kurzfühlerheuschrecken besteht aus Pflanzen, meist Gräsern, die sie mit ihren kräftigen Mundwerkzeugen abbeißen, so wie wir mit einer Schere Papier schneiden. Manche Arten nehmen auch giftige Pflanzen zu sich und speichern diese Giftstoffe im Körper. Dann scheiden sie bei einer Bedrohung durch Fressfeinde eine Flüssigkeit ab, die Brechreiz bei Säugetieren auslösen kann und Ameisen abwehrt. Viele Arten zeigen ein ausgeprägtes Balzverhalten. Bei der Paarung sitzt das Männchen mitunter mehrere Stunden auf dem Weibchen. Bei der Eiablage können Weibchen den Hinterleib bis auf das Doppelte der normalen Länge teleskopartig ausdehnen, um die Eier tief in die Erde zu bringen. Die Eier mancher Arten sind aber auch am Grunde von Grasbüscheln zu finden. Beim Schlupf im Frühsommer sehen die Larven ihren Eltern bereits ähnlich. Nach 8-10 Häutungen haben sie ihre Entwicklung zum erwachsenen Tier vollbracht. Wenn wir im

Juni an einen sonnigen Tag durch die Wiese streifen, springen unzählige Grashüpfer nach allen Seiten weg. Die nur fingernagelgroßen Tiere unter ihnen sind Jungtiere, die noch keine Flügel oder nur stumme Flügel aufweisen. Im Herbst graben sie sich 20 cm tief in den Boden ein und überwintern so. Im März kommen sie wieder heraus. Sie häuten sich, pflanzen sich im Sommer fort und sterben dann im August.

■ Heuschrecken als „Zornzeichen Gottes" und als nahrhafte Speise

Für uns kaum zu glauben, aber wahr: Schon der erste griechische Geschichtsschreiber Herodot erzählte, dass Heuschrecken von Wüstenbewohnern gesammelt, getrocknet, zu Mehl zerrieben und mit Milch vermischt gegessen wurden. Auch heute noch sollen Karawanen bestimmter Wüstenstämme das Heuschrecken-Mehl als einzige Nahrung durch die Wüste mitnehmen oder in Öl gebackene Heuschrecken verspeisen. Selbst Johannes der Täufer soll bei seinem 40 Tage dauernden Aufenthalt in der Wüste von Heuschrecken und Honig gelebt haben.
In manchen Ländern Europas wurden Grillen wegen ihres schönen Gezirpes als Haustiere gehalten. In China wurden die männlichen Tiere wegen ihrer Aggressivität gegenüber Rivalen in Schaukämpfen vorgeführt. Diese Wettkämpfe fanden in besonders schön bemalten Gefäßen statt.
Eine andere Besonderheit dieser Tiere hat ihnen einen geradezu biblisch schlechten Ruf eingetragen. In manchen Jahren vermehren sich die Pflanzen fressenden Wander-Heuschrecken so stark, dass sie ganze Landstriche kahl fressen, über die sie in Schwärmen herfallen. Darum gelten sie als göttliche Plage oder Strafe.
Der so genannte Warzenbeißer ist eine Langfühlerheuschrecke mit kräftigem Kiefer, von der sich die Bauern im Mittelalter ihre Warzen abbeißen und die Wunde durch den ausgewürgten bräunlichen Magensaft verätzen ließen.

Hummeln – Blütenbestäuber im Pelzmantel

Durch ihren wärmenden Pelz sind die Hummeln auch bei kühlerem Wetter sehr aktiv.
Hier wird eine Goldrutenblüte besucht.

■ Pelzige Häuslebauer

In Mitteleuropa leben etwa 30 Hummelarten, die alle einen rundlichen und pelzigen, oft sogar bunt behaarten Körper aufweisen. Auf Grund ihrer Wärme isolierenden Behaarung können sie schon im zeitigen Frühjahr fliegen. Sie fliegen auch bei kalter Witterung, wenn Honigbienen noch im Stock bleiben. Daher retten sie mitunter sogar die Obsternte. Es gibt Arten, die ihre Nester im Boden bauen, wie die Erd-, Garten- und Steinhummel und solche Arten, die für ihre Nester Baumstubben, alte Vogelnester oder Gras bevorzugen, wie Feld-, Wiesen- und Waldhummel. Die Nester werden aus Pflanzenresten und Moos gebaut. Das Dach wird mit einer Schicht aus Wachs überzogen, welches aus dem Hinterleib ausgeschieden und häufig mit Baumharz und Pollen vermischt wird. Im Nest werden Töpfe aus Wachs gebaut, die mit „Larvenbrot" gefüllt werden. Das so ge-

nannte „Larvenbrot" entsteht aus Pollen und Nektar und dient der Versorgung der Brut. Ein mit Honig gefülltes Wachstöpfchen wird als Vorrat für Tage mit schlechtem Wetter angelegt.

Hummeln „auftanken"

Material: Honigwasser, Pinsel, Lupe
Alter: ab 5 Jahren

Hummeln sind auch noch im Herbst aktiv und z. B. auf Blüten von Distel und Goldrute zu finden. An kühlen und bedeckten Tagen können sie aus nächster Nähe beobachtet werden, da sie nicht wegfliegen. Hummeln können nämlich erst dann fliegen, wenn ihre Brustmuskulatur mind. 34°C warm ist. Im Herbst gibt es nur noch wenig ertragreiche Blüten. Für den Flug von Blüte zu Blüte verbrauchen sie mehr Energie, als sie von der Blüte auftanken können. So bleiben sie schließlich auf einer Blüte sitzen und warten auf die Herbstsonne, die sie wieder erwärmt. Dann erst können sie weiter fliegen.

Manchmal warten sie allerdings auch vergeblich. Dann sind die erschöpften Tiere auf den Blüten zu finden und unter der Lupe zu studieren. Die Kinder können ihnen anschließend den Weiterflug ermöglichen und damit das Leben retten, wenn sie ihnen mit dem Pinsel einen Tropfen Honigwasser direkt vor die Füße geben. Die Hummeln saugen das Honigwasser auf. Nach kurzer Zeit kehren ihre Lebensgeister zurück. Sie werden wieder aktiv und fliegen weg.

■ Entlang von Rosenduft auf Hochzeitsflug

Eine Hummelkönigin überwintert in Baumhöhlen oder Mäuselöchern und baut im Frühjahr eine so genannte Wachsurne, in die Honig, Pollen und mehrere Eier hineingelegt werden. Dann verschließt sie die Zelle und wärmt sie mit ihrem Körper. Nach vier Wochen schlüpfen die jungen Hummeln und übernehmen als kleine Arbeiterinnen die weitere Brutfürsorge und Nahrungsbeschaffung. Die Königin ist nun nur noch für die Eiablage zuständig. Da die Larvenernährung im Laufe des voranschreitenden Frühjahres immer besser wird, werden die Arbeiterinnen während des Sommers größer. Bis 500 Individuen können in großen Völkern zusammenleben. Im Sommer entstehen auch die Geschlechtsunterschiede bei den Hummeln. Die Männchen legen zur Paarung Schwarmbezirke an, die sie mit duftenden Drüsenabsonderungen markieren, damit die Weibchen sie finden. Jede Art hat ihren eigenen Wohlgeruch. Bei den Erdhummeln z. B. duften die Hochzeitswege zwischen Gräsern und Blumen nach verschiedenen Blüten, z. B. nach Rosen. Männchen tragen 13 Fühlerglieder, wogegen weibliche Tiere nur 12 Fühlerglieder besitzen. Hummeln stechen selten. Falls man doch einmal gestochen wurde, weil man z. B. beim Barfußlaufen auf eine Hummel getreten ist, hilft es, eine Zwiebelhälfte auf den Stich zu drücken. Das ätherische Öl der Zwiebel verhindert die Schwellung.

Eine Hummelwohnung bauen

Material: 1 Blumentopf (mind. Ø 15 cm mit einem Loch mind. Ø 1,5 cm)
Alter: ab 4 Jahren

Erd- und Steinhummeln bauen ihre Nester gern in Mäuselöcher. Die häufig vorkommenden 2,4 bis 2,8 cm großen Erdhummeln sind oft die ersten Hummeln im Frühjahr. Erkennen kann man

sie an zwei gelben Querbinden und einem weißen Hinterleibende. Steinhummeln zeigen ein tiefrotes Hinterleibende und sind sonst schwarz.

Um für überwinterte Hummelköniginnen im März eine Bruthöhle für das neue Jahr zu errichten, muss der Blumentopf halb mit Moos und Gras gefüllt werden. Dann wird er umgedreht und so weit verkehrt herum in die Erde eingegraben, dass der Topfboden mit der Erdoberfläche abschließt. Durch das Loch können die Hummeln ein- und ausfliegen. Es sollte noch eine kleine Schräge über dem Loch als Regenschutz errichtet werden. Während des Sommers kann man aus sicherer Entfernung immer mal wieder eine Beobachtungszeit einlegen. Ist der Blumentopf bezogen, so fliegen gelegentlich Hummeln durch das Loch im Topfboden ein und aus. Im Herbst dürfen die Kinder dann unter dem Blumentopf nachschauen, ob und wie sich die „Inneneinrichtung" verändert hat.

■ Kein Rotklee ohne Hummeln

Hummeln sind schwerfällige Flieger, die bei ihrer Nektarsuche die Blüten von Klee, Glockenblumen, Salbei und Taubnessel bevorzugen. Mit ihrem langen Saugrüssel gelangen sie bei diesen Blüten bis zum Blütenboden mit dem Nektar. Die 1,3 bis 1,6 cm großen Feldhummeln haben 2 cm lange Saugrüssel, mit denen sie z. B. in Rotkleeblüten den Nektar saugen können. Die Rotkleeblüten sind bei ihrer Bestäubung auf Hummeln

angewiesen. Der Anbau von Rotklee und Luzerne kann nur dort erfolgen, wo diese Hummeln vorkommen. Dagegen sind die Saugrüssel von Honigbienen nur 6 mm und die von Fliegen nur 2 mm lang. Auch die 1,1 cm kleinen Wiesenhummeln mit ihren kurzen Saugrüsseln können nicht in tiefen Blüten saugen. Daher beißen sie mitunter bestimmte Blüten seitlich auf, um an den begehrten Nektar zu kommen.

Der Pollen bleibt beim Besuch der Blüte in dem dichten Haarkleid der Hummel hängen, da die Körperhaare Widerhäkchen und Krallen besitzen. Vor dem Flug zur nächsten Blüte müssen sich die Hummeln putzen. Das Putzen vollführen sie mithilfe ihrer als Bürste ausgebildeten Hinterbeinfüße. Mit einer Art Kamm, der am Ende jedes Hinterbeinunterschenkels sitzt, werden die Pollen aus der Bürste herausgekämmt. Im Flug werden die Hinterbeine aneinander gerieben, so wie wir Hände waschen. Dabei werden die Pollen zu einem Paket geformt, welches auf der Außenseite der Unterschenkel befestigt wird. So „ziehen" sich die Hummeln ein „Höschen an". Eine Pollenladung wiegt etwa 10 mg und enthält bis zu 1 Million Pollenkörner. Ein paar Pollenkörner bleiben am Kopf hängen und sorgen für die Bestäubung der Blüten.

■ Ein Symbol der Jungfräulichkeit Marias?

Die Echten Bienen, zu deren Familie auch die Hummeln gehören, wurden in der Vergangenheit nach dem Menschen als intelligenteste Bewohner der Erde angesehen. Schon in der Antike waren unsere pollentragenden Freunde gern gesehen. Die Menschen glaubten, dass sie ihre Nachkommenschaft aus Blättern, Blütenstaub und Kräutern holten. Damit wurde die Biene zum Symbol der Jungfräulichkeit der Mutter Maria. Die Hierarchie eines Bienenstocks mit ihren Arbeiterinnen, Wächtern und der Königin diente in der neuzeitlichen Staatslehre als Bestätigung der Monarchie.

Die Krähe - Todesvogel oder Tier der Weisheit

Der Kolkrabe zeigt einen bemerkenswert kräftigen Schnabel. Er ist unser größter Singvogel.
(Foto: Peter Freudenberg)

Krähen treffen sich am Abend zu Schlafgemeinschaften auf auserwählten, hohen Schlafbäumen am Waldrand, auf Friedhöfen oder in Parks. Der Einzugsbereich der sich sammelnden Tiere kann 600 km² betragen, wobei sich dann mehrere tausend Tiere treffen. Bis auf die Saatkrähe leben die Krähen sonst nicht gesellig. Sie finden sich nur zum Schlafen und im Winter zum Fressen in Schwärmen zusammen.

■ Singvögel, die in Dauerehe leben

Es ist unglaublich, aber wahr: Die Krähenvögel mit ihrem heiseren Krächzen zählen zu den Singvögeln. Sie gelten als sehr intelligent. Als Allesfresser nehmen sie mit allem Vorlieb, was ihnen vor den Schnabel kommt: z. B. Insekten, Würmer, Mäuse, Jungvögel, Vogeleier, Aas und Pflanzen. Auch sie erfüllen wie der Fuchs in der Natur die Funktion von Müllabfuhr und Gesundheitspolizei, weil sie auch kranke und verendete Tiere vertilgen. Alle Rabenvögel leben in lebenslanger Ehe. Die Männchen füttern und bewachen die Jungtiere, warnen vor Gefahren und vertreiben Gegner. Damit dürfte die Redensart vom „Rabenvater" oder von den „Rabeneltern" wohl widerlegt sein. Rabenvögel können ein stattliches Alter erreichen. Saatkrähen sollen es auf 20 Lenze und Kolkraben sogar auf 60 Lebensjahre bringen.

■ Aaskrähen verstecken Nahrungsreste wie ein Hund

Die im Volksmund als Krähe oder Rabe bezeichneten Tiere sind meist Aaskrähen, zu denen Raben- und Nebelkrähen zählen. Sie werden 47 cm groß und rufen das bekannte „kraah". Die schwarze Rabenkrähe lebt vorwiegend in Westeuropa. Die östlich der Elbe häufig vorkommende Nebelkrähe trägt einen grauen, nebelfarbenen Rumpf. Die Aaskrähen sind ortsfest, d. h. sie leben meist zeitlebens in einem 15 bis 50 ha großen Revier. Wenn die obere Grenze der Siedlungsdichte erreicht ist, räubern revierlose Jungkrähen die Nester der eigenen Artgenossen aus und verhindern so die Überbevölkerung des von ihnen erwählten Reviers. Von Männchen und Weibchen gemeinsam wird der Horst aus Moos, Erde, Stöckchen und Zweigen erbaut. In das Nest werden im April und Mai 4 bis 6 Eier gelegt und vom Weibchen allein in 18 Tagen ausgebrütet. Dabei wird es vom Männchen gefüttert. Die Jungen werden 32 Tage lang von beiden Eltern gefüttert und behütet. Angreifende Raubvögel oder sogar Füchse werden heftig attackiert. Nicht mehr genutzte Krähennester werden von Waldohreulen und Turmfalken als Brutplätze genutzt.

Die Nahrungssuche der Aaskrähe ist sehr einfallsreich. Manche Tiere lassen Schnecken, Nüsse oder Muscheln aus großer Höhe auf eine harte Oberfläche fallen, um sie zu knacken. Auf der Suche nach Insekten wird der Schnabel in Erde und Gras gestochen und Rinde von den Bäumen abgerissen, oder es werden Steine, Erdklumpen und Kuhfladen umgedreht und Abfalleimer durchwühlt. Wenn genug Nahrung vorhanden ist, werden übrig gebliebene Stücke für später versteckt. Dies machen auch Dohlen.

Die taubengroßen, grauschwarzen Dohlen zeigen im Gegensatz zu ihren größeren Verwandten einen schnellen Flügelschlag. Sie finden Nahrung sogar unterm Schnee. Dohlen lassen sich manchmal auf dem Rücken von Schafen nieder, um sich Wolle zur Polsterung ihres Nestes auszurupfen. Zum Schlafen vergesellschaften sie sich gern mit Saatkrähen. Dohlen sind hervorragende Stimmen-Imitatoren. Wie Papageien lernen sie das Nachsprechen von Wörtern.

Aaskrähen räubern Vogeleier

Material: 1 Tuch pro Paar, Zapfen o.Ä.
Alter: ab 8 Jahren

Die Gruppe bildet Pärchen. Die Spielleitung wählt ein Pärchen aus, das im ersten Spiel die schlauen Kräheneltern spielt. Die anderen sind bodenbrütende Vogelpaare (z. B. Goldammern oder Feldlerchen), die ihre Eier (Zapfen o. Ä.) im Nest (Tuch) bewachen. Die Nester befinden sich auf einem ca. 10 x 10 m großen, sichtbar markierten (z. B. mit Jacken oder Rucksäcken) Spielfeld.

Die brütenden Vogelpaare hocken in ihren Nestern, die „Krähen" warten am Spielfeldrand darauf, dass die Vogelpaare ihr Nest verlassen, denn sie können nur dann ein „Ei" stehlen, wenn sich kein Elternvogel in seinem „Nest" befindet.

Die Spielleitung spielt den störenden Menschen. Betritt dieser plötzlich das Spielfeld und hält ein Tuch hoch, schrecken die Vogel-SpielerInnen auf und fliehen in die dem Menschen entgegengesetzte Richtung.

Haben alle Vögel den Spielfeldrand erreicht, rennen die „Krähen" aufs Feld, um ein „Ei" zu stehlen und von der Spielfläche in Sicherheit zu bringen. Sobald jedoch die Vögel die Krähen auf dem Feld entdecken, laufen sie zu ihren Nestern zurück, um ihre „Eier" zu verteidigen.

Hat eine Krähe schon ein „Ei", darf sie durch Kitzeln zum Fallenlassen des „Eies" gebracht werden. Bleibt das „Ei" dabei im Spielbereich, gilt es als gerettet und darf ins Nest zurück gelegt werden. Wurden drei Eier erfolgreich geraubt, spielt ein anderes Paar die Aaskrähen.

■ Saatkrähen als „Schädlingsvertilger"

Die purpur-blauschwarz glänzende Saatkrähe ist schlanker als die anderen Arten, lebt und brütet gesellig und besitzt im Alter eine weiße Schnabelwurzel. Sie ruft meist „kroa" und ist auf Grund ihrer Vorliebe für Engerlinge, Drahtwürmer, Maden, Schnecken, Raupen und Mäuse für den Menschen sehr nützlich. Die Saatkrähen sind bei uns Wintergäste, die sich von Oktober bis April gesellig auf den Wiesen aufhalten.

■ Die größten und schwersten Singvögel

Mit etwa 1,25 kg Gewicht sind Kolkraben die schwersten unserer heimischen Singvögel. Sie sind mit einer Körperlänge von 63,5 cm die größten Krähenvögel und gut an dem kräftigen Schnabel und dem tiefen „Krok"- oder „Rrab"-Rufen erkennbar. Neben Schnecken, Nüssen und Vogeleiern frisst er gern Aas wie verendete Schafe, Kaninchen, Füchse und Gämsen. Wenn im Frühling die Lämmer geworfen werden, halten sich Kolkraben gern in der Nähe von Schafherden auf, um die Nachgeburt (Plazenta) zu fressen. Wenn sie Nahrungsreste für später vergraben, schauen sie sich erst um, ob sie auch kein anderer Rabe beobachtet.

Bei der Balz werden Kolkraben zu regelrechten Flugkünstlern, vollführen sogar Loopings und eine beeindruckende Rückenflugschau. Die Auspolsterung des Nestes wird der Außentemperatur angepasst. Es wird eEntweder wärmendes oder kühlendes Material eingetragen. Die Jungtiere werden erst mit 3 Jahren geschlechtsreif. Die Elternvögel sind sehr wachsam. Ist ein Jungtier bei seinen neugierigen Erkundungsflügen in die Nähe einer möglichen Gefahrenstelle gelangt, lockt ein Elternteil das Junge durch bestimmte Rufe und Flugaktionen von der gefährlichen Stelle weg. Die in lebenslangen Ehen lebenden Vögel putzen sich gegenseitig das Gefieder.

■ Todesvogel oder Nachrichtenbote

Dem Raben oder der Krähe wurde von jeher das Stehlen nachgesagt. Sie wurden als Unglücksvögel verachtet und gejagt. Ihre Schlafbäume stehen oft auf Friedhöfen. So kamen sie vermutlich in den Ruf, Begleiter von Dämonen und Untoten zu sein. Nach der germanischen Sagenwelt sollen die Seelen von Verstorbenen u. a. in Rabengestalt wiederkehren. Selbst Odins Seele soll eine Rabengestalt gehabt haben. Sogar heute noch hält sich hartnäckig der Aberglaube, mörderische Krähen würden Kühe und Kälber angreifen oder ihnen die Augen aushacken. Dabei holen sie sich höchstens die Plazenta oder ein Stück Aas von der Weide. Im heutigen Sprachgebrauch ist die negative Einstellung zur Krähe bzw. zum Raben auch oft zu finden, z. B. mit dem „Unglücksraben", oder

man sagt: „Der klaut wie ein Rabe" oder „Rabeneltern". „Krähenfüße" werden die unerwünschten Falten an den Augenwinkeln genannt.

Aber nicht immer wurden ihnen nur negative Attribute zugeordnet. Die Alten Germanen betrachteten den Kolkraben als Symbol der Weisheit. Der Wikingerhäuptling Regnar soll einen Raben als Heerzeichen getragen haben. Bei ihren Schlachten trugen die Wikinger den „Rabenwimpel" mit sich. Dem heiligen Benedikt soll ein Rabe vergiftetes Brot aus der Hand gerissen haben. Nach der Bibel soll Noah zunächst einen Raben ausgeschickt haben. Als dieser nicht wiederkam, wurde eine Taube ausgesendet, die den Ölzweig mitbrachte.

Nach der germanischen Mythologie hatte der Gott Odin zwei Raben, die Huginn (Verstand) und Muninn (Erinnerung) hießen, das Sprechen gelehrt. Diese hat er dann als Kundschafter ausgesandt, um die täglichen Neuigkeiten aus der Welt zu erfahren. Ursprünglich war der Rabe der heilige Vogel der Göttin Athene, die ihn aber wegen seiner Geschwätzigkeit aus ihren Armen entließ und die Eule übernahm. Dann wurde der Rabe der Vogel Apollons, des griechischen Gottes der Dichtkunst, der Musik, der Heilkunst und Wahrsagung. So wurde der Rabe zum Symbol der Dichtkunst. Der Rabe soll ursprünglich ein weißes Gefieder getragen haben. Da er aber Apollon von der Untreue der Koronis, seiner Geliebten, berichtet hatte, färbte dieser aus Wut über die Nachricht das Gefieder schwarz.

Nach einer italienischen Erzählung sollen Krähen früher wie Menschen gesprochen haben. Aber da sie vor allem Klatsch verbreiteten, wurden sie vom Tribunal der Vogelkönigin zum Schweigen verurteilt. Doch wurde ihnen in Aussicht gestellt, einmal wieder sprechen zu können. Seit der Zeit rufen sie „cra, cra", was so viel heißt wie „morgen, morgen".

Der Marienkäfer – gepunkteter Blattlausjäger

■ Giftiges Blut bei Gefahr

In Deutschland leben 75 Marienkäferarten. Sie haben viele Namen wie Sonnenkäfer, Gottesschäflein, Marienwürmchen und Herrgottsküchlein. An der Anzahl ihrer Punkte auf den Flügeldecken wird oft die Art bestimmt. Ihre Flügeldecken können gelb, orange, schwarz oder rot mit schwarzer oder gelber Fleckenzeichnung sein. Mit dieser Warnfarbe warnen sie Fressfeinde vor ihrem unangenehmen Geschmack. Wird ein Marienkäfer trotzdem angegriffen, wehrt er sich mit einer übel riechenden „Reflexblutung". Der eine oder andere hat mit dem Sekret vielleicht auch schon Bekanntschaft geschlossen, wenn der Käfer zu derb angefasst wurde. Bei der „Reflexblutung" lässt der Käfer gelbe Hämolymphe aus seinen Beingelenken fließen. Diese Flüssigkeit enthält eine unangenehme Substanz (Coccinellin), die Ameisen und Vögel von ihm abhalten soll. Bei einigen Arten ist die Hämolymphe dem Brennnesselgift ähnlich. Intravenös gespritzt reicht der Saft von einem Marienkäfer aus, um ein Meerschweinchen zu töten. Marienkäfer stellen sich wie die meisten Käfer bei Berührung tot.

Der Marienkäfer ist bei Jung und Alt beliebt. Er steht im Ruf, Glück zu bringen.
(Foto: Peter Freudenberg)

■ Gourmets von Blattläusen

Marienkäfer werden in der Regel ein Jahr alt, sind also nicht, wie der Volksglaube sagt, so alt, wie die Anzahl ihrer Punkte ist. Sie sind bekannt dafür, dass sie große Mengen an Blattläusen vertilgen. 68 % der einheimischen Arten ernähren sich von Blattläusen und 20 % von Schildläusen. Manche Käferarten fressen auch Pflanzen oder Mehltaupilze.

Ein Siebenpunktmarienkäfer schafft es während seiner Lebenszeit, nahezu 3100 Läuse aufzufressen. An Holunder- und Rosenzweigen sind oft im Sommer Blattlauskolonien zu finden.

■ 18 Stunden Hochzeit

Die Paarung der Siebenpunkt-Marienkäfer erfolgt im Frühjahr oder Sommer. Nach einer 18 Stunden dauernden Hochzeit werden 800 Eier abgelegt, aus denen nach einer Woche graue, rot gefleckte Larven schlüpfen, die manchmal mit Kartoffelkäferlarven verwechselt werden. Eine Siebenpunkt-Marienkäferlarve schafft es, während ihrer 3 bis 4 Wochen dauernden Entwicklung 420 bis 1300 Blattläuse zu fressen. Danach verpuppen sie sich. Die Puppe sieht aus wie Vogelkot. Frisch geschlüpfte Käfer sind sattgelb. Sie brauchen einige Stunden, um ihre Färbung und Punkte zu bekommen. Die Grundfarbe der Siebenpunkt-Marienkäfer ist im Frühling orangerot. Im Sommer jedoch tragen sie klar rote Flügeldecken, unter denen sich die schwarz-transparenten Flügel verbergen. Die größte bei uns vorkommende Art ist der fast 1 cm große Augenmarienkäfer. Um seine schwarzen Punkte auf den roten Flügeldecken sind oft weiße Höfe, sodass die Punkte wie Augen wirken. Der häufig vorkommende Käfer frisst Blatt- und Schildläuse an Nadelbäumen.

■ Auftakt der biologischen „Schädlingsbekämpfung"

Wenn sich Blattläuse sprunghaft vermehren, kann die Zahl der von Marienkäfern vertilgten Blattläuse bis zum 80fachen ansteigen. Unter diesen Umständen sind die Marienkäfer und ihre Larven eine wertvolle Hilfe. Der Mensch erkannte das sehr schnell und setzte die Erkenntnis gezielt ein. Er züchtete den Marienkäfer und seine Larven in „Marienkäferfarmen" und versandte sie an Hilfe suchende Landwirte. Ein in Australien beheimateter Marienkäfer wurde 1889 in Kalifornien erfolgreich gegen einen Zitrusfrüchte- „Schädling" eingebürgert. Der Käfer hat seitdem in 32 Ländern, auch in Europa, den Zitrusfrüchte-Anbau gerettet. Damit begründete er die „biologische Schädlingsbekämpfung".

Blattlauskolonien

Material: Lupe
Alter: ab 5 Jahren

Im Mai sind Rosen- und Holunderzweige oft dicht mit Blattläusen besetzt. Eine Blattlaus kann 70 Töchter in Jungfernzeugung gebären, die selbst schon nach 10 Tagen wieder gebärfähig sind. Der von ihnen getrunkene Pflanzensaft enthält viel Zucker. So scheiden sie auch viel Zuckersaft wieder aus. Auf diese Ausscheidungen, auch Honigtau genannt, warten viele Insekten (Ameisen, Bienen...). Sie fressen oder sammeln ihn mit Vorliebe (so entsteht zum Beispiel der Waldhonig der Bienen). Wenn Marienkäfer nun Blattläuse verspeisen wollen, werden sie von den Ameisen attackiert, da die Ameisen als „Viehhirten" auf „ihre" Blattläuse

aufpassen. Mitunter sind auch geflügelte Blattläuse zu finden. Die werden bei schlechten Nahrungsbedingungen oder großem Gedränge gebildet. Die geflügelten Tiere suchen sich einen neuen Platz zur Bildung einer Kolonie. Nur im Herbst werden auch Männchen geboren, die die Eier von Weibchen befruchten. Diese befruchteten Eier überwintern an Pflanzen und gründen im Frühjahr wieder neue Blattlauskolonien.

Die TeilnehmerInnen schauen sich in Ruhe das Treiben einer Blattlauskolonie an. Das „Melken" durch die Ameisen lässt sich gut mit einer Lupe beobachten. Mit ein wenig Glück wird man auch Zeuge der Geburt eines Blattlausweibchens. Welche Insektenvertreter holen sich noch vom Honigtau? Wie verteidigen die Ameisen ihre „Viehherden" gegenüber Marienkäfern? Sollten sich noch keine Marienkäfer oder ihre Larven zwischen den Blattläusen befinden, so gehen die TeilnehmerInnen auf die Wiese, suchen sich welche und setzen sie dazwischen. Nun ist das Warnsystem der Blattläuse schön zu beobachten: Sobald ein Marienkäfer eine Blattlaus geschnappt hat, sendet die Geruchsstoffe an die anderen Blattläuse in der nächsten Umgebung aus. Der Duft bedeutet „Gefahr!" und sie lassen sich von der Pflanze fallen.

Marienkäfer zur Wettervorhersage

Marienkäfer wissen schon vor dem Wintereinbruch, wie kalt der herannahende Winter sein wird. Wenn die Temperaturen im Laufe des Winters unter -10°C sinken werden, verkriechen sich die Marienkäfer im Herbst in die Erde. Graben sich die Käfer nicht ein, sondern verkriechen sich nur, z. B. in Briefkästen, unter Rindenstücken und zwischen Gräsern, so bleiben die Temperaturen über den Winter immer oberhalb -10°C. Marienkäfer überwintern in Gemeinschaften und vollführen dazu manchmal Massenwanderungen. Es wurden schon hunderttausende gemeinsam überwinternde Käfer gefunden. Sie werden im zeitigen Frühjahr wieder aktiv.

Viele Marienkäfer verhungern und verdursten nach ihrem Erwachen im Frühjahr, da sie sich aus ihren Winterverstecken z. B. in Wochenendhäusern oder Dachböden nicht selbst befreien können. Viele verbrennen mit dem Abbrennen der für manche Menschen lästigen Zweig- und Laubhaufen nach den Wintermonaten. So manches lustige Osterfeuer wurde schon zum Scheiterhaufen für unzählige Insekten, Igel, Kröten und Salamander. Darum solche Haufen vor dem Anzünden immer erst umschichten!

Marienkäfer als Glückssymbol

Die ganze Familie der Marienkäfer ist nach der Jungfrau Maria benannt. Der Siebenpunkt-Marienkäfer wird seit langem als Glückskäfer angesehen, da die Zahl „Sieben" eine starke Symbolik besitzt: 7 Tage hat die Woche, die Katholiken kennen 7 Sakramente, 7 Todsünden, 7 Märtyrer, 7 Schmerzen und 7 Freuden Maria. Wenn sich ein Marienkäfer auf die nackte Hand setzt, soll in Kürze Geld zu erwarten sein. Natürlich darf dem Glücksboten nichts zuleide geschehen.

Der Maulwurf – lichtscheuer Seidenpelz

Nur sehr selten ist der Maulwurf auch einmal über der Erde zu sehen. Der Einzelgänger fühlt sich in seinen Gängen sicherer.

■ Gangsysteme bis 50 Meter breit

Der Name Maulwurf wurde abgeleitet vom althochdeutschen „Moltewurf" und heißt „Erdwurf". Unser schwarzer Geselle kann 30 cm pro Minute graben, durchschnittlich schafft er 15 cm. Dabei stemmt er sich mit einem Vorderbein und den Hinterbeinen fest und lockert mit dem anderen Vorderfuss die Erde. Der Sand wird dann mit den grabschaufelartigen Vorderfüßen und mit den Hinterfüßen nach hinten geschoben. Sobald der Gang mit lockerer Erde gefüllt ist, dreht sich der Maulwurf um und schiebt mit einem Vorderfuß die Erde vor sich her wie ein Bulldozer. In längeren Abschnitten, oft nach etwa 1 m, wirft er sie dann als Hügel auf die Oberfläche.

Maulwürfe können genauso schnell rückwärts wie vorwärts laufen. Dabei bewegt sich der kleine Körper wie ein Bohrer drehend vorwärts. In einer

Nacht schafft er so einen 4 cm hohen und 5 cm breiten Gang von 100 m Länge. Nach unten abgehende Gänge zu den Wohn- und Vorratskammern haben oft einen Winkel von genau 90°. Die Gangsysteme eines Maulwurfs können mit Verbindungs- und Jagdgängen, Haupt- und Ausweichnestern einen Durchmesser von 30 bis 50 m haben. Über das Gangsystem kommt Luft in den Boden, da stets einige Röhren für Atemluft an die Oberfläche führen. Die Erd-Hügel haben einen Durchmesser von bis zu 30 cm. Unter einem der größten von ihnen liegt gewöhnlich die mit Laub, Gras und feinen Wurzeln ausgepolsterte Nestkammer. In feuchten Gebieten wurden schon bis 90 cm hohe Hügel gesehen, wobei das Nest dann überirdisch im Hügel angelegt wurde. Im Sommer gräbt der Maulwurf 10 bis 40 cm, im Winter bis 1 m tief, da sich seine Beutetiere dann dort aufhalten. Im Frühjahr hat er dadurch besonders viel Aushub.

Das Gangsystem wird dreimal am Tag abgelaufen, um hineingelangte Insekten und Regenwürmer aufzusammeln und zu fressen. Diese „Patrouillengänge" dauern etwa vier Stunden. Dann machen die Maulwürfe vier Stunden Pause. Sie sind also tag- und nachtaktiv. Sie müssen täglich fast so viel Nahrung verspeisen, wie sie selbst wiegen, also etwa 100 g. So benötigt ein Maulwurf im Jahr etwa 37 kg Futter. Da er diese Menge durch Regenwürmer, Larven, Maden, Engerlinge und ähnliches Getier zusammen bringen muss, ist er mit der Nahrungssuche ständig beschäftigt. Er verhungert schon, wenn er 12 Stunden ohne Nahrung war. Am liebsten sind ihm Regenwürmer. Die hören ihn zwar kommen und versuchen zu entwischen, aber der Maulwurf gräbt schneller als sie. Gelegentlich erwischt er auch schon mal eine kleine Maus. Bei der oberirdischen Jagd, z. B. auf kleine Amphibien, wurde er gelegentlich auch schon beobachtet.

Selbst im Winter ist der Maulwurf aktiv. In der winterlichen Vorratskammer werden lebende Regenwürmer und Engerlinge aufbewahrt, die durch Bisse am vorderen Körperteil bewegungsunfähig gemacht werden. Einmal wurden in einem Lager 1280 Regenwürmer und 18 Engerlinge gefunden, zusammen ungefähr 2 kg. Dabei lagen die Regenwürmer fein säuberlich in Haufen von etwa 10 Stück.

In der Maulwurfshöhle

Material: Kriechtunnel, Tücher, Gummibärchen oder Bonbons, Klebestreifen
Anzahl: ab 2 SpielerInnen
Alter: ab 4 Jahren

Maulwürfe sind nachtaktive Einzelgänger. Dreimal täglich laufen sie alle ihre Gänge ab, um hinein gekommene Regenwürmer und Insekten zu verspeisen.

Als Maulwurfshöhlengang wird ein Kriechtunnel aufgestellt. Alle Kinder sind Maulwürfe auf Regenwurmsuche (im Spiel ersatzweise Gummibären o. Ä.). Sie bekommen nacheinander die Augen verbunden, um sich in das Gefühl, unter der Erde zu sein, hinein versetzen zu können. Die Spielleitung verteilt ein paar Gummibären in dem Kriechtunnel. Nun suchen die Maulwürfe einzeln den Gang nach ihrer Nahrung ab. Sie versuchen, möglichst viele Gummibären beim Hindurchkrabbeln zu erfühlen. Der Schwierigkeitsgrad kann erhöht werden, indem Gummibärchen mit Klebestreifen an der Decke oder den Seiten des Kriechtunnels befestigt werden.

■ Hauptsinnesorgane sind Rüssel und Haare

Maulwürfe (*Talpa europaea*) werden maximal 5 Jahre alt und 11 bis 16 cm lang. Sie besitzen ein sehr dichtes, kurzes Fell ohne Haarstrich, sodass sie im Erdreich auch rückwärts kriechen können, ohne Erde in den Pelz zu bekommen. Ihre stecknadelkopfgroßen, blauen Augen können nur bedingt Unterschiede in der Lichtstärke wahrnehmen. Augen und Ohren sind im dichten Fell versteckt. Das Hauptsinnesorgan des Maulwurfs ist sein roter, nackter Rüssel, der als Tastwerkzeug und zum Riechen dient. Er kann aber auch Bodenerschütterungen wahrnehmen. Am Stummelschwanz wachsen viele Sinneshaare, die ihm Auskunft darüber geben, was hinter ihm vorgeht. Außer grabend können sich Maulwürfe auch laufend und schwimmend fortbewegen. Sie haben auf Grund ihrer verborgenen Lebensweise und eines widerlichen Geruches und Geschmacks wenig Feinde. Trotzdem stehen sie in Zeiten großer Nahrungsknappheit auf dem Speisezettel von Greifvögeln, Eulen, Störchen, Raben, Mardern, Füchsen, Hunden, Kreuzottern, Wildschweinen und Dachsen.

■ Beißwütige Einzelgänger

Maulwürfe sind Einzelgänger. Wenn sich zwei Tiere begegnen, kommt es zu harten Kämpfen. Piepsend, zwitschernd oder mit schrillen Tönen warnen sie ihre Artgenossen. Nur im April und Mai zur Paarungszeit ist die Beißwütigkeit zwischen männlichen und weiblichen Tieren herabgesetzt. Aber mit männlichen Konkurrenten wird bis zum Tode gekämpft, wobei die Verlierer mitunter sogar verspeist werden. Einmal im Jahr werden 2 bis 7 blinde, bohnengroße, nackte Jungtiere geboren, die nur von der Mutter großgezogen werden. Sind die Jungtiere 2 Monate alt, werden sie von der Mutter vertrieben, sodass im Juni und Juli zahlreiche neue Haufen zu finden sind. Sichtbare Zeichen der Jungtiere auf Reviersuche.

■ Der Maulwurf als Rohstofflieferant für Mode und Heilmittel

Vor allem im Altertum und im Mittelalter wurde aus den weichen Maulwurffellen Kleidung und Bettwäsche hergestellt. Aber gleichzeitig wurde vor der Benutzung dieser Gegenstände gewarnt, da Maulwürfe Vorboten böser Ereignisse seien. Der schwarze Insektenfresser galt als schädliches Tier und wurde gejagt. Noch Anfang des 20. Jahrhunderts gab es in jedem Dorf einen Maulwurffänger. Aus Modegründen kamen 20 Millionen Fellchen im Jahre 1939 auf den Markt. Heute ist der Maulwurf gesetzlich geschützt.

In der christlichen Symbolik wurde er auf Grund seiner Lebensweise als schlecht angesehen: Er scheut das Tageslicht wie Heiden oder Ketzer, die den wahren Glauben nicht anerkennen. Aber im Mittelalter hatten Volks- und Aberglaube noch Gewicht beim Volk und so wurde er auch medizinisch genutzt. Verbrannt und die Asche mit Eiweiß auf die Kopfhaut geschmiert sollte er den Haarwuchs hervorrufen.

Auch im Bauernkalender ist er als Orakel vertreten. Aus der Höhe der Maulwurfshügel soll die Härte des nächsten Winters ablesbar sein. Und wenn nach den ersten warmen Tagen im Jahr der Maulwurf Haufen wirft, soll es Frühling werden.

Fliegen – lästige Zeitgenossen

■ Fliegen mal bunt, mal schwarz

Fliegen sind fliegende Nervensägen, die uns natürlich auch häufig auf den Wiesen begegnen. Sie gehören wie die Mücken zu den Zweiflüglern (*Diptera*), da die Hinterflügel zu Schwingkölbchen umgebildet worden sind.

Außer der uns bestens bekannten Stubenfliege (*Musca domestica*), die sich als Kulturfolger regelrecht an Mensch und Haustier bindet, treffen wir auf der Wiese sehr häufig wespenähnliche Schwebfliegen (*Syrphidae*), Tanzfliegen (*Empididae*), graue Blumenfliegen (*Anthomyiidae*), Bremsen (*Tabanidae*) sowie glänzend blaue und goldgrün schillernde Schmeißfliegen (*Calliphoridae*) an.

Die Schwebfliegen versuchen sich durch ihr wespen- oder bienenähnliches Aussehen vor Fressfeinden zu schützen. Sie schweben lange z. B. über einer Doldenblüte und sind gut von den mit jeweils zwei Flügelpaaren ausgestatteten echten Wespen und Bienen zu unterscheiden. Schwebfliegen haben sich beim Pollen- und Nektarsammeln oft auf eine bestimmte Blütenart spezialisiert und haben daher eine große Bedeutung für die Bestäubung dieser Pflanzen. Manche Schwebfliegenarten ernähren sich in ihrer Larvenzeit von Blattläusen. Diese bunt gefärbten Larven sind zwischen Blattlauskolonien zu finden und fressen in den Abend- und Morgenstunden bis zu 100 Blattläuse täglich.

■ Fliegen als „Wiederkäuer"

Eine Fliege kann bei ihrer Nahrungssuche nahezu 30.000 Gerüche unterscheiden, die sie u. a. mit Sinneszellen an den Beinen wahrnehmen. Echte Fliegen (*Muscidae*) können nur flüssige Nahrung aufnehmen, den sie durch ihren Speichel zuvor gelöst haben. Die Nahrung wird im Kropf gespeichert und je nach Bedarf an den Darm abgegeben. Dafür muss diese Nahrung erbrochen werden, um in den Darm abgeschluckt zu werden. Die Nahrung wird also wiedergekäut. Der erbrochene Kropfinhalt erreicht oft das Rüsselende und wird als dicker Tropfen auf die Unterlage abgegeben. Die Krankheitsübertragung durch eine Fliege erfolgt also nicht nur über die Haare am Körper, wie im Allgemeinen gedacht wird, sondern auch durch diese erbrochenen Nahrungströpfchen und durch ihren Kot. Die Krankheitskeime stammen von Kot, Abfall und Ausgespucktem, was gern von Fliegen besucht wird. Auf manchen Fliegen wurden mehrere Millionen Bakterien gezählt. Mindestens 30 verschiedene Infektionskrankheiten werden allein durch Stubenfliegen übertragen.

Gegen Fliegen wurde früher der Fliegenpilz verwendet, der in kleine Würfel geschnitten und über Nacht in Milch eingelegt wurde. Die meisten Echten Fliegen (80 %) gehen jedoch jeden Herbst auf Grund einer Epidemie unter den Fliegen ein. Pilzsporen des Fliegenschimmels (*Entomophthora muscae*) gelangen über die Atemwege in die Tiere hinein, keimen dort durch die Körperfeuchtigkeit und töten sie. Nur wenige Fliegen überwintern. Dafür suchen sie sich einen Platz, an dem die Temperaturen nicht unter 0°C fallen. Dann können Weibchen der Stubenfliege bis 70 und Männchen bis 60 Tage alt werden.

■ Landung mit Looping

Fliegen sind wahre Akrobaten. Sie können blitzschnell im Flug wenden, beschleunigen oder bremsen und auf der Stelle schwirren. Mit ihren Schwingkölbchen, die anstelle von zwei Hinterflügeln ausgebildet sind, halten sie ihr Gleichgewicht und steuern durch Winkelveränderung der Flügel die Flugbahn. Unsere 8 mm große Stubenfliege kann durch 180 bis 330 Flügelschläge in der Sekunde 7 km/h erreichen. Bei ihrem Anflug z. B. auf einen hängenden Grashalm nimmt die Fliege ihre Vorderbeine nach vorn und oben, überschlägt sich bäuchlings in Flugrichtung und erfasst mit den Vorderbeinen kopfüber den Grashalm. Auf Grund von 5000 Haaren auf jedem Fuß und einem Sekret kann sie kopfüber laufen und sogar an Glas entlang gehen.

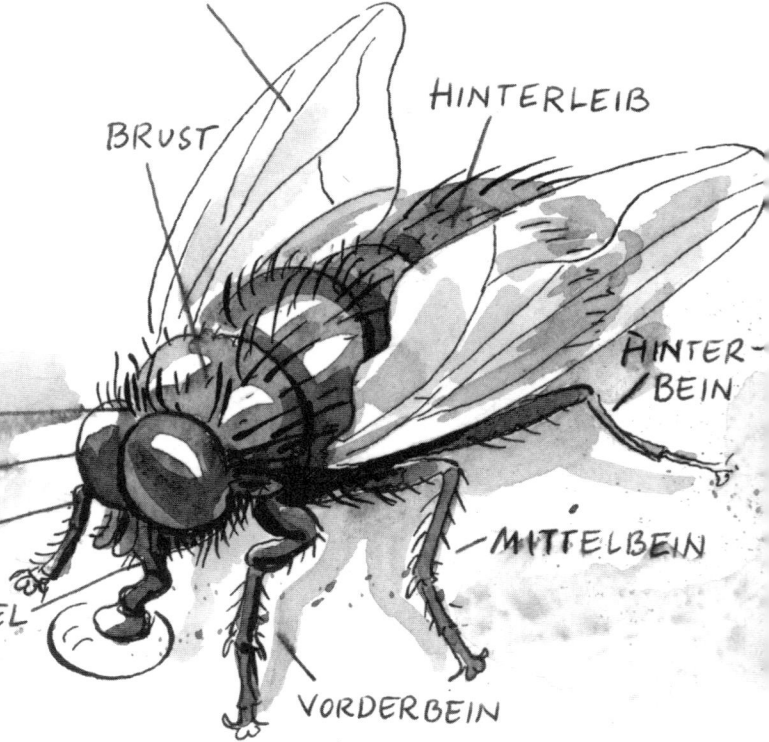

■ Fliegenküsse und zahlreiche Nachkommen

Die Paarung von Fliegen lässt sich gut an der häufigen Stubenfliege verfolgen. Sie paart sich nie im Flug. Das Männchen steigt dem Weibchen auf den Rücken und gibt ihr mit dem Leckrüssel eine Art Kuss auf das Hinterhaupt. Das Weibchen, erkennbar an einer gelben Färbung am Hinterleib, legt nach der Begattung pro Gelege 100-150 etwa 1 mm große Eier in Dung und Aas ab. Aber leider auch in Käse, Wurst und Fleisch. Die nach 24 Stunden geschlüpften, fuß- und kopflosen Maden fressen ständig, bis sie sich verpuppen. Aus der Tönnchenpuppe geschlüpfte Weibchen sind schon nach drei Tagen legereif, jedoch kommt es erst nach 9 Tagen zur ersten Eiablage. Eine Generation dauert 1 bis 2 Wochen und hinterlässt 4 bis 6 Gelege während ihrer Lebenszeit, die im Sommer zwei Monate beträgt. Also könnten theoretisch von einer überwinternden weiblichen Fliege, wenn sie am 15. April mit der Eiablage startet, bis Mitte September 5,6 Billionen Nachkommen entstehen. Da 70 Fliegen etwa 1 g wiegen, wären das 80.000 t Fliegen.

■ Maden in der Wundheilung

Die bronzefarbenen Schmeißfliegen, auch Goldfliegen (*Lucilia*-Arten) genannt, entwickeln sich auf offenen Fleischwunden und ernähren sich dort von krankem und abgestorbenem Gewebe. Daher wurden schon im ersten Weltkrieg und werden auch heute noch die Maden zur Wundheilung beim Menschen verwendet. Dazu werden die Maden auf offene, schlecht heilende Wunden gelegt. Sie fressen dort das tote Gewebe und geben Stoffe ab, die eine schnellere Wundheilung bewirken. Jedoch der für die behandelnden Patienten entstehende Juckreiz soll sehr groß sein. Die erwachsenen Schmeißfliegen übertragen viele Krankheiten.

Besonders an schwülen Tagen sind die Weibchen der Bremsen lästig. Sie ernähren sich mithilfe eines Stechrüssels vom Blut verschiedener Warmblüter. Da sie beim Stechen gerinnungshemmenden Speichel absondern, bluten ihre Stiche nachhaltig. Da die kräftigen Stechborsten durch ihre Größe Nervenfasern treffen, sind die Stiche sehr schmerzhaft. Auch dabei können Krankheiten übertragen werden, z. B. Milzbrand.

■ Vom Fliegengott Baalzebub

Schon den Alten Ägyptern war die Fliege sehr lästig. Sie nahmen sie als Zeichen für Unverschämtheit in ihre Hieroglyphenschrift auf. Tapfere ägyptische Krieger bekamen Medaillen in Form von Fliegen verliehen. Der syrische Fliegengott Baalzebub lieferte den bekannten weiteren Namen für Teufel: Beelzebub. Früher wurde vermutet, dass die Fliege durch „Urzeugung" aus faulem Fleisch entsteht und dass sie so ein Massenprodukt der Hölle sei. Bei Heiligen, z. B. bei Bernhard von Clairvaux, sollen sie tot von den Wänden fallen. Im alten Griechenland war die Fliege das Symbol für Dämonen von Seuchen und Verwesung.

Die Sprache der Tiere

Berit, ein aufgewecktes fünfjähriges Mädchen, war heute schon viel früher wach als ihre Familie. Sie zog sich an und schlich leise zum Bett ihrer Schwester. Die aber zog ihre Bettdecke über den Kopf und murmelte schläfrig: „Lass mich, heute zum Sonnabend will ich endlich mal ausschlafen!" Berit langweilte sich. Plötzlich fiel ihr ein, dass ihr gestern eine kleine schwarze Katze auf dem Weg zur großen Kuhweide begegnet war. Sie schnappte sich Jacke und Schuhe und schlich aus der Wohnung.

Es war Mai und die Luft war erfüllt von zahlreichen Düften und Vogelgesängen. Berit blickte noch einmal zurück, atmete tief durch und stiefelte los. An der Kuhweide angekommen blickte sie sich suchend um, aber nirgends war die schwarze Katze zu sehen. Auch hinter den alten Weiden war sie nicht. Dann erblickte sie die zahlreichen Farben der verschiedensten Blüten. Sie legte sich auf die Wiese und betrachtete die Blumen. Dann drehte sie sich auf den Rücken, betrachtete die großen, weißen Haufenwolken am Himmel und schloss die Augen. Berit vernahm das Summen der Hummeln und das Trällern der Feldlerchen. Plötzlich erhob sich ein feines Stimmchen: „Sei doch vorsichtig, du zerreißt mir meine Wohnung." Erschrocken drehte sich Berit um und bestaunte eine farbenfrohe Kreuzspinne, die ihr rundes Netz gerade wieder reparierte. Und rechts von ihr hörte sie zwei Fliegen über einem kleinen Haufen Hasenköttel streiten: „Ich habe ihn zuerst gesehen, er gehört mir!" – „Nein, das hier ist mein Revier, ich habe das Anrecht darauf!" Berit freute sich: „Man, das ist ja irre, ich kann die Sprache der Tiere verstehen." Sie legte sich vorsichtig in die Nähe einer Glockenblume und hörte zwei Feldhummeln zu: „Du kannst schon weiterfliegen und den anderen Bescheid sagen, wo das Rotkleefeld ist. Ich muss mir erst mal die Pollen aus meinem Fell bürsten, dann komme ich nach." Das hörte auch eine Wiesenhummel, die sogleich zu den ersten Blüten flog, um sie seitlich aufzubeißen und den Nektar zu stibitzen. Auf einer breiten Blütendolde der Wilden Möhre schubsten und drängelten sich Schwebfliegen, blaue und goldene Schmeißfliegen und Bienen. Und Berit hörte sie laut schlürfen. Dann sagte einer der blau glänzenden Brummer: „Ich habe genug von den Pollen und werde erst mal rüber zu den großen Kuhfladen fliegen. Dort ist gerade eine große Versammlung zur Eiablage." Kurz darauf düsten alle blauen und auch ein paar goldene Schmeißfliegen von der weißen Blüte weg. Die Schwebfliegen waren froh: „Endlich haben wir mehr Platz", surrten sie.

Berit war ganz aufgeregt, dass sie die Tiere verstand. Doch wem sollte sie diese Neuigkeit erzählen? Sie nahm sich vor, den Tieren noch ein bisschen zuzuhören und dann schnell nach Hause zu gehen. Jedoch als sie sich vorsichtig der Versammlung verschiedenster Insekten auf einer weißen Doldenblüte näherte, vernahm sie hinter sich ein furchtbares Getöse. Berit bekam Angst, schloss die Augen und presste sich auf den Boden, aber der Krach hörte nicht auf. „Weg! Weg! Nichts wie weg! Flüchtet so schnell ihr könnt!" schrien die dicken Brummer auf der wilden Möhre. Da nahm sie all ihren Mut zusammen und öffnete die Augen. Und sie erblickte – einen Traktor, der gerade die Wiese mähte.

Sie sprang auf und rannte von der Wiese. Als sie sich jedoch wieder den Insekten am Wiesenrand zuwandte, so vernahm sie nur noch Summen und Brummen. Hatte sie etwa nur geträumt? Aber nein. Die Insekten hatten ihr doch das Leben gerettet. So rannte sie rasch heim, um ihrer Familie von dem aufregenden Erlebnis zu erzählen.

Der Rotmilan – der rote Greifvogel mit dem Gabelschwanz

■ Bedrohte Gabelweihe

Der Rotmilan (*Milvus milvus*) gehört zu den Greifvögeln. Im Flug kann man ihn an seinen schmalen, stark gewinkelten Flügeln und dem markant gegabelten Schwanz erkennen. Daher heißt er im Volksmund auch Gabelweihe. Der Schwarzmilan besitzt hingegen nur einen leicht gegabelten Schwanz und dunkles Gefieder. Das Gefieder des Rotmilans ist kastanienrot und an den Unterseiten der schwarzen Spitzen der Handschwingen trägt er große, weiße Flecken. Er kann 26 Jahre, in Gefangenschaft sogar 38 Jahre alt werden. Der Vogel besitzt eine Flügelspannweite von 1,60 m. Im Englischen heißt er daher „red kite", also „Roter Drachen".

Mehr als die Hälfte des Weltbestandes an Rotmilanen lebt in Deutschland und davon 2/3 in Ostdeutschland. Jedoch sind die Brutvögelbestände dort seit 1989 rückläufig. Sie brauchen offene Landschaften, um ihre Beute aus der Luft zu erspähen. Diese offenen Landschaften waren durch die dort großflächig durchgeführte, genossenschaftliche Landwirtschaft vorhanden.

■ Gefährliche Balzflüge

Milane leben in Dauerehe. Sie kommen Ende Februar/Anfang März aus ihren Überwinterungsgebieten des nördlichen Mittelmeerraums zurück. Ihre etwa 1 m breiten Horste bauen sie bevorzugt in Waldrandnähe auf Laubbäumen. Während des Horstbaus finden sie auch immer abwechselnd Zeit für Balzflug und Begattung.

Die Rotmilane verwenden beim Horstbau reichlich Tierhaare, Federn und Lumpen. Das ist nebenbei auch ein ideales Nistmaterial für Untermieter wie Feldsperlinge, Stare, Rotschwänze oder Meisen. Die 2 bis 3 weiß-braun gefleckten Eier werden in 32 Tagen ausgebrütet. Die Jungen

Milane übernehmen die Müllbeseitigung

bleiben fast 2 Monate im Nest und sind erst mit 3 Jahren geschlechtsreif. Sowohl Eier als auch Jungtiere sind eine begehrte Beute von Uhu, Habicht, Seeadler, Aaskrähe, Kolkrabe und Baummarder.

Hügelige Landschaften werden vom Rotmilan bei seiner Besiedlung bevorzugt, da er für seinen Gleitflug die Thermik der Luft ausnutzt. Der Rotmilan verbringt den Tag meist im niedrigen, d. h. bis 20 m hohen Gleitflug, um am Boden Nahrung zu erspähen, wie z. B. Mäuse, Schlangen, Eidechsen, Insekten, Fische, Aas und von Fahrzeugen überfahrene Tiere. Milane haben ein achtmal schärferes Auge als Menschen. Mit ihren nadelscharfen Krallen packen und töten sie die lebenden Beutetiere. Bisweilen jagen sie auch anderen Vögeln ihre Beute ab, besonders Reihern, Krähen und anderen Greifvögeln.

In London war der Rote Milan zu Shakespeares Zeiten (15. und 16. Jahrhundert) als wertvoller Aasfresser unter Schutz gestellt. Milane lebten damals in großer Zahl mitten in der Stadt und betätigten sich als Städtische Müllabfuhr. Die Vögel wurden von den Stadtkindern gefüttert, so wie heute die Stockenten, Spatzen und Tauben gefüttert werden. Da der Milan zum Nestbau mitunter Lumpen und sogar Wäsche von der Leine gestohlen hat, schrieb Shakespeare in seinem Stück „Ein Wintermärchen": „Wenn die Milane nisten, achte auf dein einfaches Leinen." In Frankreich wurde er aufgrund seiner Aktivität als Müllbeseitiger sogar geadelt und so „Milan Royal" genannt.

Im antiken Rom nutzten die Auguren (Priester) Vogelflüge zum Deuten der Zukunft. Dabei war die Richtung der Vogelflüge entscheidend. Alles, was vom Westen einflog, sollte Unglück bringen. Da die Rotmilane aber nun mal auf ihrem Rückflug von ihren Überwinterungsplätzen in Spanien aus dem Westen kamen, trug ihnen das den Ruf als Unglücksbote ein.

Aristoteles glaubte, Milane würden sich genauso wie Störche, Tauben, Schwalben, Lerchen und Drosseln im Winter im Schlamm eingraben und dort schlafen, bis der Frühling wiederkommt.

Die Schmetterlinge – fliegende Farbtupfer

Das Tagpfauenauge zeigt seine Augenflecken, um seine Feinde, z. B. Singvögel, abzuschrecken.

■ Die bunten Flügel

Schmetterlinge (*Lepidoptera* = Schuppenflügler) werden im Volksmund auch Sommervögel genannt, da sie in der Regel von Juni bis September besonders aktiv sind. Sie besitzen zwei zarthäutige, beschuppte Flügelpaare mit mehr als 1 Million Schuppen pro Flügel. Die wie Dachziegel übereinander geschichteten Flügelschuppen sind die Farbträger der Flügel. Einige Schuppen davon sind durchsichtig und strukturreich, sodass ein Schillern zu Stande kommt. Oft sind Männchen intensiver gefärbt, da sie die Weibchen damit anlocken müssen. Schmetterlinge gehören zu den wenigen Lebewesen, die sogar ultraviolettes Licht sehen können, und viele Arten besitzen daher ultraviolette Farbmuster auf den Flügeln. Auch manche Blüten besitzen solche Farbmuster und locken damit Insekten an, die die Fähigkeit zur ul-travioletten Farberkennung haben.

Um Feinde zu täuschen, besitzen einige Arten „Augenflecken" als Flügelmuster. Pickt ein Vogel auf diese „Pseudoaugen" im Flügel statt auf den Körper, so kann der Schmetterling, z. B. das Tagpfauenauge, vielleicht noch entwischen. Oft sind die Schmetterlinge an ihrer Unterseite tarnfarben und können durch Zusammenklappen der Flügel für den Angreifer scheinbar verschwinden. Die Weibchen mancher Arten haben auch Duftschuppen auf den Flügeln, die männliche Artgenossen sogar noch aus 11 km Entfernung anlocken. Düfte spielen überhaupt eine große Rolle bei der Geschlechterfindung der Schmetterlinge.

Aber Schmetterlinge sind nicht nur schön, sondern für manch andere Tiere der reinste Leckerbissen. Zahlreiche Vögel, Fledermäuse, Frösche, Kröten und Reptilien, aber auch Faltenwespen, die ihre Brut damit füttern, machen auf die Sommerboten Jagd. Die Eier, Raupen und Puppen werden meist von Meisen gefressen, aber auch Specht, Kuckuck, Krähe, Wildschwein, Ameisen, Spitzmaus und Maulwurf laben sich an ihnen. Nachtschmetterlinge werden von Fledermäusen bevorzugt. Aber manche Falterarten können Fledermaus-Rufe wahrnehmen. Die Schmetterlingsfamilie der Eulenfalter hört sie sogar schon auf 30 m Entfernung. Haben sie die Gefahr erkannt, lassen sie sich blitzschnell zu Boden fallen.

■ Von einer hässlichen Raupe zum schönen Schmetterling

Die Raupen von Schmetterlingen sind an ihre Umgebung sehr gut angepasst und dadurch schwer zu erkennen. Manche nehmen das Aussehen von Vogelkot, Knospen, Zweigen oder Blattmissbildungen an. Beim Fressen der Blätter lassen sie in der Regel ein Drittel stehen, um einem möglichen Feind verborgen zu bleiben. Nur bei Massenbefall werden die Blätter bis auf die Stiele verputzt. Da sie fast nur mit Fressen beschäftigt sind, wachsen Raupen schnell und müssen sich oft häuten, da die Haut nicht mitwächst. Schließlich spinnen sie sich mithilfe ihrer am Kopf befindlichen Spinndrüse in einen Kokon ein. Nun beginnt die Puppenruhe, die z. B. beim Kleinen Fuchs 14 Tage dauert und in der das Tier keine Nahrung zu sich nimmt. Nähert sich die Puppenruhe dem Ende, wird die Puppe immer durchsichtiger und man kann schon einige Flügelfarben des Schmetterlings erkennen. Nach dem Schlupf pumpen die Schmetterlinge Körperflüssigkeit in die schlaffen, faltigen Flügel, sodass sie sich zur vollen Schönheit entfalten können. Dann suchen sie Blüten auf.

Viele Falter nehmen ihre Nahrung, den Nektar, durch den etwa 2 cm langen, einrollbaren Leckrüssel auf. Das lässt sich gut beobachten. Auf einen weißen Teller mit Papierserviette gibt man eine Lockfuttermischung, bestehend aus Rum, Sirup, Apfelmus und Malzbier. Von diesem Gemisch werden Schmetterlinge magisch angezogen. Beim Beobachten darf man sich nicht bewegen, nicht laut sein und keinen Schatten auf die Schmetterlinge werfen, sonst fliehen sie. Später kann das Nektarsaugen nachgespielt werden. Alle Kinder bekommen einen Trinkhalm und saugen durch ihn Löwenzahngelee oder eine andere halb flüssige Substanz von einem als Blüte dienenden Teller herunter.

Von der Raupe zum Schmetterling

Material: 1 Einkochglas oder Aquarium, Gaze
Alter: ab 3 Jahren

Als Einführung kann die Geschichte „Die kleine Raupe Nimmersatt" von Eric Carle vorgelesen werden. Anschließend kann die Geschichte auch pantomimisch nachgespielt werden, wobei die eigenen Jacken als Kokon genutzt werden. Dann erfolgt die Beobachtung echter Schmetterlinge.

Die Entwicklung von der Raupe zum Schmetterling lässt sich gut verfolgen. Auf der Wiese werden ein paar Brennnesselzweige mit schwarzen Raupen des Tagpfauenauges mitgenommen und in ein großes Einkochglas oder Aquarium gelegt. Das Glas wird mit Gaze abgedeckt. Nun kann jeden Tag die Entwicklung der Raupe zum Schmetterling im Zimmer verfolgt werden. Wichtig ist, dass die Tiere jeden Tag frische Brennnesselblätter erhalten. Nach ein paar Wochen verspinnt sich die Raupe zur Puppe und nach der Puppenruhe kommt ein schöner Falter zum Vorschein. Der Falter sollte nach dem Bewundern freigelassen werden. Mit einem Schweißtropfen auf der Fingerkuppe kann er vielleicht auf die Hand gelockt werden. Es ergibt bestimmt auch ein schönes Foto, wenn er dann vorsichtig auf die Nase gesetzt wird.

■ Blütenauswahl

Viele Schmetterlinge bevorzugen je nach Art eine bestimmte Blütenfarbe. Der gefährdete Schwalbenschwanz und Kohlweißlinge haben es z. B. auf rote und purpurfarbene Blüten abgesehen. Während Blüten besuchende Tagfalter durch die Blütenfarbe angelockt werden, orientieren sich Blüten meidende Arten wie Eisvogel und Schillerfalter am Duft der Nahrungsquelle, z. B. Kot. Auch nachtaktive Schmetterlinge riechen ihre Nahrung. So locken Nachtkerze und Leimkraut Eulenfalter an. Viele Tagfalter bevorzugen Blüten mit ausgebreiteter Krone als Landeplatz, z. B. Flockenblume, Wiesenbocksbart, Rote Lichtnelke, Distel, Vergissmeinnicht und Schaumkraut.
Falter treffen ihre Wahl mithilfe von Geschmacksorganen an der Rüsselspitze oder am Fuß. Viele Blumenarten sind an eine Bestäubung durch Schmetterlinge angepasst, z. B. Nelkengewächse und Taglilien. Die nachtaktiven Schwärmer mit ihrem bis zu 8 cm langen Saugrüssel fliegen ganz spezielle Blüten an, z. B. das Geißblatt oder die Weiße Lichtnelke, an und saugen sie wie Kolibris im Flug aus.
Schmetterlinge zeigen unterschiedliches Flugverhalten. Weißlinge wie Zitronenfalter und Kohlweißling fliegen im Zickzack-Kurs. Edelfalter wie der Kleine Fuchs und das Tagpfauenauge fliegen flache Bögen mit geraden Segelabschnitten. Augenfalter wie der Heufalter fliegen sehr unruhig viele kleine Schleifen und Bögen.

■ Interessantes zu bekannten Tagfaltern

Bläulinge:

Bei dem häufig vorkommenden Wiesenbläuling sind die Flügel des Männchens blau und die des Weibchens braun. Bläulingsmännchen veranstalten gern ein gemeinsames Treffen auf Pfützen, frischem Dung oder Urin. Dort nehmen sie Mineralstoffe auf, die sie zur Bildung ihrer Sexualhormone benötigen. Als Schmetterling leben sie nur drei Wochen. Jedoch nicht alle Bläulingsarten sind blau und braun. Feuerfalter und Dukatenfalter gehören zur selben Familie, zeigen aber rote Flügel. Die Raupen des Schwarzgefleckten Bläulings fressen in Ameisenhaufen Larven und Puppen der Ameisen. Dabei werden sie von den Ameisen geduldet, da sie eine Art Honigtau ausscheiden, den die Ameisen lieben.

Weißlinge:

Mit zu den bekanntesten Arten gehört der fast ein Jahr alt werdende *Zitronenfalter*, der besonders gern gelbe oder purpurne Blüten besucht. Mit zusammengeklappten Flügeln sieht er wie ein welkes Blatt aus. Die mattgelben Weibchen mit ihren scharlachroten Fühlern werden im wilden Flug von den Männchen, die kräftig gelbe Flügel haben, verfolgt. Bei der Paarung sind sie etwa 24 Stunden zusammen. Zitronenfalter sind Sonnenanbeter und setzen sich auf einer Blüte ab, sobald eine große Wolke vor der Sonne steht.

Edelfalter:

Bei Edelfaltern sind die Vorderbeine zu Putzbeinen umgestaltet. So sitzen sie nur auf vier Beinen im Gegensatz zu den anderen Schmetterlingsfamilien. Edelfalter-Raupen sind stachlig und werden daher von Vögeln, außer vom Kuckuck, gemieden. Zu ihnen gehören bekannte Arten: Die schwarze, mit weißen Punkten gemusterte Raupe des *Tagpfauenauges* und die grüne, mit gelben Längsstreifen versehene Raupe des *Kleinen Fuchses* fressen an Brennnesseln. Bei Belästigung schließen sie sich zu einer Art Armee zusammen und wehren gemeinsam den Feind durch Aufrichten des vorderen Körpers ab. Das lässt sie optisch größer wirken.

Der *Admiral* kann beim Saugen von Saft an Obst oder Bäumen beobachtet werden. Die Raupen des Admirals ziehen beim Fressen von Brennnesselblättern diese zur Tarnung mithilfe von Seidenfäden tütenförmig zusammen.

■ Tag- oder Nachtfalter?

Kaum zu glauben, aber nur 10 % der heimischen Schmetterlingsarten fliegen am Tag und nur noch einmal die Hälfte davon sind wirklich Tagfalter. Sie tragen Fühler mit keulenförmig verdickten Enden, auch „Keulenhörner" genannt. Der überwiegende Teil der Schmetterlinge sind Nachtfalter, die meist kräftige, gedrungene Körper und federartig verzweigte Fühler besitzen. Sie orientieren sich an Gerüchen, Geräuschen und ultraviolettem Licht. Die Wahrnehmung von ultraviolettem Licht hilft den Falterpaaren zueinander zu finden. Leider geht auch von Glühlampen ultraviolettes Licht aus, sodass die Falter irrtümlich zu diesem Licht fliegen und verbrennen,

Es gibt Nachtschmetterlinge, die auch wirtschaftlich genutzt werden. Raupen des Maulbeerseidenspinners werden seit dem 18. Jahrhundert in Mitteleuropa gezüchtet, um die begehrten echten Seidenfäden zu gewinnen. Pro Raupe wird ein 4 km langer Faden gewonnen. Durch Auskochen der mit einer leimartigen Substanz verklebten Kokons können die äußerst stabilen Seidenfäden abgewickelt werden. Der Maulbeerseidenspinner stirbt bei dieser Prozedur.

■ Blumen mit Flügeln

Schmetterlinge galten als Symbol der Auferstehung Christi. Andererseits wurden die Raupen jedoch auch als dem Schlamm entstiegene Teufelsbrut und die Schmetterlinge damit als Hexenwerk betrachtet. Früher vermutete man, dass sich Hexen mitunter in „Blumen mit Flügeln" verwandeln, um Butter und Milch zu verderben. Der englische Name „butterfly" ist davon bis heute geblieben.

Im Griechischen bedeutet „psyche" nicht nur „Seele", sondern auch „Schmetterling". Daher wurde früher ein Schmetterling als Bild der Seele des Verstorbenen auf Grabsteinen dargestellt.

Aus dem Leben eines Schmetterlings

Alter: ab 7 Jahren

Einige Arten, z. B. der Kleine Fuchs, kämpfen um einen bestimmten Sonnenfleck. Zunächst haschen sie sich in gerader Bahn. Dann erfolgen in Spiralen aufsteigende Flüge. Dabei wird jeweils versucht den Rivalen zu überfliegen, um in eine dominante Position oberhalb des Gegners zu gelangen. Hat einer der beiden sie erreicht, lässt sich der andere im Sturzflug fallen und eine neue horizontale Jagd beginnt. Ehe ein Männchen aufgibt und beide zurückkehren, können sie sich 200 m vom umkämpften Sonnenfleck entfernt haben.

Die TeilnehmerInnen beobachten die verschiedenen Lebensgewohnheiten (Nahrungssuche, Paarung, Rivalenkampf) der Schmetterlinge. Dazu setzen sie sich zunächst auf die Wiese und bewegen sich nicht, sodass sich die Tiere nicht mehr gestört fühlen. Später wählen sie sich jeweils einen Schmetterling aus, den sie 5 Minuten lang beobachten und vorsichtig verfolgen. Dabei müssen sie darauf achten, dass der eigene Schatten nicht auf den Falter fällt. Die Schmetterlinge dürfen natürlich nicht angefasst werden, da die feinen Schuppen an den Fingern hängen bleiben.

Zum Abschluss kommen alle zusammen und erzählen aus dem Leben ihres Schmetterlings und demonstrieren eventuell das Flugverhalten ihres Schützlings.

Der Weißstorch – klappernder Glücksbote

Das Klappern des Weißstorches dient zur Begrüßung seiner Artgenossen.

■ Auf unsrer Wiese geht etwas...

Der beliebte Weißstorch (*Ciconia ciconia*) kann 1 m groß werden. Durch das bekannte Kinderlied „Auf unsrer Wiese geht etwas..." hat jedes Kind zumindest schon einmal von den roten, langen Beinen und dem schwarz-weißen Federkleid gehört. Der Schwarzstorch hingegen trägt ein schwarzes Gefieder mit weißem Bauch und

wohnt gern in Wäldern auf hohen Bäumen. Ebenso verrät uns das oben genannte Kinderlied , dass der Storch mit seinem langen, roten Schnabel gerne Frösche frisst. Er frisst jedoch auch kleine Säugetiere (Mäuse, Maulwurf), Fische, Regenwürmer, Kriechtiere und Insekten, die er beim Durchschreiten der Wiesen und Sümpfe findet. Daher bevorzugt der Weißstorch naturnahe Auen (Flusslandschaften), wie er sie in Brandenburg und Mecklenburg-Vorpommern vorfindet. Deshalb ist er dort am häufigsten zu finden. Zwar hat er sich zum Kulturfolger entwickelt, der Wälder meidet und Kulturlandschaften bevorzugt aber man sieht ihn nur noch äußerst selten. Zusammen mit Krähen, Möwen und Kiebitzen läuft er hinter dem Pflug her, um die zerschnittenen und aufgewühlten Schnecken, Würmer und Mäuse zu fressen.

Der Name Klapperstorch ist auch nicht weit her geholt. Das Schnabelklappern wird beim Anflug auf das Nest zur Begrüßung des Partners vollführt, aber auch beim Entdecken von fremden Artgenossen am Himmel. Damit sollen die Fremden verscheucht werden. Beim Klappern werden Hals und Kopf so weit nach hinten gebogen, das der Kopf den Rücken berührt.

■ Schwere Nester

Weißstörche bauen ihre Nester auf Leitungsmasten, Dächern, Schornsteinen oder Bäumen. Da die Nester Jahr für Jahr mit Nistmaterial ergänzt werden, können sie 10 bis 20 Zentner schwer werden und schließlich bei Sturm herunterfallen. Das größte bisher gefundene Nest hatte einen Durchmesser von 2,25 m, eine Höhe von 2,8 m und ein Gewicht von 1000 kg. Es wurde von einem Nest berichtet, das schon 400 Jahre benutzt worden sein soll. Als Nistmaterial werden Äste und Grasballen, aber auch Pferdemist und mitun-

ter sogar Wäsche von der Leine heran geschafft. Wie bei den Rotmilanen finden sich Sperlinge, Stare oder Bachstelzen als Untermieter ein. Störche können 20 Jahre alt werden.

Im Horst findet auch die Paarung statt. Die Ehe ist einjährig. Beide Eltern bebrüten 32 Tage lang die 3-5 weißen Eier und ziehen 2 Monate lang die Jungen groß. Sie erbrechen das herbei geschaffte Futter aus dem Schlund, das zunächst vorwiegend aus Regenwürmern besteht. Eine Familie aus sechs Störchen braucht etwa 4 kg Nahrung am Tag. Jungtiere erkennt man an den grauen Schnäbeln und Beinen.

Mit 3 bis 4 Jahren werden die Jungstörche erst geschlechtsreif. Allerdings versagen junge Paare, die zum ersten Mal brüten, oft als Eltern. Sie betrachten einen nicht vollwertigen Jungvogel, oft das Nesthäkchen, nicht mehr als ihr Kind, sondern als Beute und versuchen, es zu verschlingen. Das tat nach der griechischen Sage auch der Göttervater Kronos mit seinen Kindern, daher nennt man dieses Verhalten Kronismus.

■ Die Wanderer kommen nach Hause zurück

Früher als die Altstörche (Anfang September) fliegen die Jungstörche Mitte bis Ende August in den Süden. Bei ihren Überwinterungsflügen nach Afrika fliegen die Weißstörche bis 10.000 km weit. Dafür lassen sie sich viel Zeit (100 Tage). Beim Rückflug nach Mitteleuropa benötigen sie nur 60 Tage, da sie mit ca. 150 km/h zu den Brutplätzen zurückeilen. Sie meiden dabei den Überflug über das Mittelmeer, da sie den Landaufwind zum Segeln benötigen und dadurch Kräfte sparen. Ihre großen Flügel haben eine Spannweite von etwa 2,20 Metern. Manchmal fliegen sie so hoch, dass sie in Gefahr geraten, mit Kleinflugzeugen zusammenzustoßen. Oftmals verbleiben Jungstörche auch den ersten Sommer in Afrika. Aber später fliegen sie wieder zu ihrem Geburtsort zurück. Dabei wurden von 100 Störchen 8 in ihrem Heimatdorf, 36 in einem Umkreis von 10 km und 22 in einem Umkreis von 50 km gefunden. 60 – 70 % der Jungstörche kehren von ihrer ersten Reise nicht zurück, sondern verunglücken. Beim Rückzug nach Europa kommen meistens die Männchen zuerst, beziehen ihr altes Nest und warten auf die Weibchen, die einige Tage später ankommen. Wenn ein neues Weibchen vor dem alten Weibchen am Nest eintrifft, wird es vom Männchen auch angenommen. Daher kann es zu heftigen Kämpfen zwischen den Storchenweibchen um das Nest kommen. Auch während der Brutzeit kommt es mitunter zu Angriffen und Kämpfen durch zweijährige, nicht brütende Weibchen.

■ Der Storch, unser Babylieferant?

Der Storch scheint unter den Vögeln seit Jahrhunderten eine bedeutende Rolle für den Menschen zu spielen. So wird ihm nachgesagt, dass in das Dach, auf dem Störche brüten, kein Blitz einschlagen wird. Der Weißstorch scheint mindestens seit dem Mittelalter das Sinnbild für einen Glücksbringer zu sein. Im Mittelalter sangen die Menschen Choräle von Kirchtürmen aus, wenn der Storch im Frühjahr aus Afrika heimkehrte. Wenn sein Gefieder schmutzig war, vermutete man einen nassen Sommer. Und wenn die Störche wegflogen, sollte Unglück drohen. Schon Hunnenkönig Attila betrachtete beim Belagern der römischen Stadt Aquile das Wegfliegen der Störche als Omen für den Untergang der Stadt. Bald darauf eroberte er sie. Als im 13. Jahrhundert ein Stadtpolitiker vom Papst exkommuniziert wurde, sollen die auf dessen Haus nistenden Störche aufs Nachbarhaus gezogen sein. So wurde es öffentlich, dass diesen Mann Heil und Segen verlassen hatten.

Der Storch war ein Symbol der Fruchtbarkeit und des Glücks. So kam er noch zu seinem zweiten Namen: Adebar („ade"= Glück, „baro" = tragen). „Wenn der Storch klappert, klappert es in der Wiege" lautet ein Spruch. Bekannt ist das niederdeutsche Märchen, in dem der Storch die Babys bringt. So brauchte man den Kindern nicht die Zeugung erklären. Es wurde ihnen erzählt, dass Babys aus dem Sumpf kommen und der Storch sie dort abholt. Wenn der Storch dann das Baby bei der Mutter abliefert, beißt er sie ins Bein. Daher müssen Mütter von Neugeborenen im Bett liegen. Der Storch bringt nur nachts Babys. Deshalb muss das Fenster immer offen sein und zum Anlocken wird ein Stück Würfelzucker hingelegt. Die Kinder konnten dem Storch beim Vorbeifliegen das gewünschte Geschlecht ihres zukünftigen Geschwisterchens zurufen: „Klapperstorch, mein Guter, bring mir einen Bruder!" oder „Klapperstorch mein Bester, bring mir eine Schwester!".

Die Alten Griechen glaubten, dass junge Störche ihre alten und schwachen Eltern füttern und pflegen. Um diesem Vorbild zu folgen, schufen sie das Pelargonia-Gesetz, das Kinder verpflichtete, für ihre alten Eltern später zu sorgen (Pelargos = Storch). Der Ausdruck „Da brat mir einer einen Storch" bei starker Verwunderung über das Unmögliche kommt daher, dass der Storch früher als heiliges Tier weder gebraten noch gegessen werden durfte. Heutzutage steht der Weißstorch unter Naturschutz und ist das Symbol der Naturschutzorganisation „Naturschutzbund Deutschland" (NABU).

Die Dankbarkeit des Storches

Ein Bauer ging mit einer großen Axt auf sein Feld. Er wollte einen abgestorbenen Baum fällen, der auf seinem Acker stand. Der Baum spendete kaum noch Schatten, doch als Brennholz war er noch allemal zu gebrauchen. Als der Bauer zum Baum kam, hörte er in dem Baum ein aufgeregtes Klappern. Ein Weißstorch stand auf seinem frisch gebauten Nest und befürchtete Schlimmes, als er den Menschen mit der großen Axt nahen sah. Der Bauer sah den Storch und rief begeistert: „Ein Adebar brütet auf meinem Feld! Das muss ein gutes Jahr werden!" Nein, dem Storch würde er nicht sein Nest rauben. Brennholz bekäme er auch noch woanders her. Er ließ den Baum stehen und ging schnell nach Hause, um seiner Familie die frohe Nachricht zu übermitteln.

Das Klappern des Storchenmannes verursachte aber nicht bei allen Wesen Freude. Die Mäuse auf dem Feld fürchteten die hungrigen Störche. So wurde das Klappern des Storchenschnabels alsbald vom Zähneklappern der Mäuse untermalt. Schnell zogen sich die Mäuse zusammen und berieten, was zu tun sei. Sie waren fest entschlossen, den Storch zu vertreiben. Im Schutz der Dunkelheit liefen tausende Mäuse zum toten Baum und begannen den Baumstamm zu benagen. Als die Sonne am nächsten Morgen den Himmel erhellte, hatten die Mäuse den Stamm so weit benagt, dass der Baum mit lautem Krachen umbrach. Der Storch flog erschrocken hoch und sah das Unglück. Er bemerkte auch, wie die Mäusearmee sich wieder in alle Himmelsrichtungen verteilte. Wütend packte er einige Mäuse und verschlang sie. Aber gegen diese große Mäuseinvasion konnte er allein nichts ausrichten.

Am frühen Morgen kam auch der Bauer auf sein Feld. Als er den umgestürzten Baum erblickte und den Storch über seinem Acker fliegen sah, rief er dem Weißstorch zu: „Lieber Storch bleib bei mir, ich werde dir helfen." Der Bauer nahm einen Strick, band das Nistmaterial vom Storchennest zusammen und schleppte es zu seiner Scheune. Auf das Scheunendach baute er ein altes Wagenrad und legte das Nistmaterial sorgfältig auf das Rad. Der Storch beobachtete das Treiben des Bauern, begutachtete dann sein neues Nest und nahm es an. Er klapperte laut und freudig mit seinem Schnabel. Dem Bauern schien es, als ob in dem Klappern ein „Danke, danke!" zu hören sei.

In den Mittagsstunden war es dann so weit. Ein Storchenweibchen flog herbei.
Die Störche begrüßten sich lautstark. Bald darauf legte die Störchin Eier und
nach einigen Wochen schlüpften vier Storchenküken. Sie waren besonders hungrig,
sodass die Altvögel ständig auf dem Feld nach Heuschrecken und Mäusen
suchen mussten. Die Störche bedankten sich beim Bauern für seine Hilfe, indem
sie meistens auf seinem Feld den kleinen Nagern nachstellten. Für die Mäuse
brach eine schwere Zeit an. Für den Bauern wurde es ein glückliches Jahr, denn
seine Ernte war so reichlich, wie schon seit vielen Jahren nicht mehr. Seinem
Freund Adebar reservierte der Bauer jedes Jahr sein Nest. Und der Storch nahm
die Einladung immer dankbar an.

Nachgedanken

Wiesen sind interessante, artenreiche Lebensräume, die je nach Lage, Bodenbeschaffenheit und Klima ein ganz spezielles Aussehen, einen ganz speziellen Geruch und in einigen Monaten des Jahres eine ganz spezielle Klangfülle aufweisen. Unsere Wiesen sind aber auch beliebte Flächen für Spiele, Spaß und Erholung. Bei einem Spaziergang zu einer Wiese sollte man also weder die vielfältigen Sinneswahrnehmungen noch den Spaß und die Freude am Aufenthalt in der Natur vergessen.

Leider werden unsere Wiesen durch den ständigen Bau von Straßen, Wohnanlagen und Einkaufscentern, aber auch durch die intensive Landwirtschaft immer artenärmer. Die Menschen haben durch das Roden der Wälder seit hunderten von Jahren die Wiesen zwar zunächst geschaffen. Doch sind wir zurzeit im Begriff, die sich auf den Freiflächen angesiedelten Pflanzen- und Tierarten zu vertreiben und nur artenarme, kleine Rasenflächen zurückzulassen. Das ist ein Prozess, der von den meisten Menschen unbemerkt abläuft, weil sie nicht mehr die Wiesen in ihrem ursprünglichen Zustand richtig kennen gelernt und erfahren haben. Daher ist es so wichtig, dass jeder mit Spaß und Freude die Natur erlebt und kennen lernt.

Aber auch unsere Enkel und Urenkel haben ein Recht darauf, noch Störche, Kiebitze, Kreuzottern und Orchideen auf unseren bzw. ihren Wiesen zu sehen und zu erleben, sich auf Wiesen zu legen und nur das Zirpen der Grillen, das Pfeifen der Mäuse und das Singen der Feldlerchen zu hören, ohne durch Auto- oder Fluglärm gestört zu werden. Einfriedungen und Absperrungen, also die Ausgrenzung des Menschen aus der schützenswerten Natur, dürfen aber nicht der Preis für Rettungstaten sein. Erst der intensive und direkte Kontakt mit unseren Wiesenorganismen führt zur Achtung vor dem Leben und zur Bereitschaft, die Lebensbedingungen unserer Wiesenbewohner zu schützen.

Eine gesunde Natur ist Balsam für unsere Seelen und ein Spiegelbild unserer eigenen Gesundheit. Ist die Wiese artenreich und gesund, werden wir auch gesund sein.

Die AutorInnen

Dr. Burkhard Neumann wurde 1962 in Eisenhüttenstadt geboren. Er ist Lehrer für Biologie und Chemie und promovierte 1992 auf dem Gebiet der Verhaltensbiologie.

Antje Neumann erblickte 1962 in Artern (Thüringen) das Licht der Welt. Sie ist Diplom-Biologin, Diplom-Agraringenieurin und Naturpädagogin.

Beide führen sit einigen Jahren Naturfühlungen in Wäldern, Wiesen und an Gewässern durch. Diese Naturfühlungen wurden für Kinder, Jugendliche und Erwachsene in Zusammenarbeit mit Schulen, Berliner Volkshochschulen, Kindergärten und der Greenpeace-Gruppe Verlin veranstaltet. Weitere Erfahrungen aus der Umsetzung naturpädagogischer Ansätze sammelten die AutorInnen durch ihre regelmäßige Organisation und Betreuung spielhistorischer Kinderferienlager des Vereins „Mitwitz - Orte für Ideen e.V.". Seit 2001 sind sie DozentInnen von Weiterbildungsveranstaltungen im naturpädagogischen Bereich für Förster, LehrerInnen und andere Ineressierte. Im Jahr 1999 erschien das Buch „Waldfühlungen" im Ökotopia Verlag.

Register

Literaturhinweise

BERGMANN, H. / BÜHRING, U. / GROß, A.,1996. Kleine grüne Wunder. Herder Verlag.

DÖRFLER, H.-P.; ROSELT, G., 1989, Heilpflanzen gestern und heute. 4. Aufl.: Urania-Verlag, Leipzig/Jena/Berlin.

FISCHER-RIZZI, S., 1996. Blätter von Bäumen: Legenden, Mythen, Heilanwendungen und Betrachtungen von einheimischen Bäumen. 8. Aufl.; Heinrich Hugendubel Verlag, München.

KALFF, M. (Hrsg.), 1994. Handbuch zur Natur- und Umweltpädagogik. Günter Albert Ulmer Verlag, Tuningen.

KREMER, B., 1999, Naturspaziergang Wiese. Bechtermünz Verlag.

LOHMANN, M./ EISENREICH, W., 1991, Die Natur im Jahresverlauf. BLV. München.

NEUMANN, B. /NEUMANN, A., 1999. Waldfühlungen. Ökotopia-Verlag. Münster.

PERGER, A. von, 1864, Deutsche Pflanzensagen. Verlag von August Schaber. ZA-Reprint. Leipzig 1987.

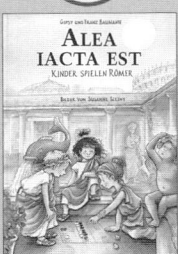

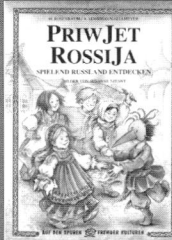